DOCÊNCIA:
um momento reflexivo

Dados Internacionais de Catalogação na Publicação (CIP)
(Câmara Brasileira do Livro, SP, Brasil)

Tavares, Wolmer Ricardo
 Docência : um momento reflexivo / Wolmer
Ricardo Tavares. — São Paulo : Ícone, 2007. —
(Coleção conhecimento e vida / coordenação
Diamantino Fernandes Trindade)

Bibliografia
ISBN 978-85-274-0938-4

1. Conhecimento 2. Educação 3. Educadores
4. Ensino I. Trindade, Diamantino Fernandes.
II. Título. III. Série.

07-4841 CDD-371.102

Índices para catálogo sistemático:

1. Docência : Educação   371.102

Wolmer Ricardo Tavares

DOCÊNCIA:
um momento reflexivo

**Coleção
Conhecimento e Vida**

Coordenação
Diamantino Fernandes Trindade

Ícone
editora

© Copyright 2007.
Ícone Editora Ltda.

Coleção Conhecimento e Vida

Coordenação
Diamantino Fernandes Trindade

Colaboradora
Lucimara de Fátima Marugeiro

Ilustrações
José Carlos Couto Nogueira
Tâmara Miranda Lomba

Diagramação
Andréa Magalhães da Silva

Revisão
Rosa Maria Cury Cardoso

Proibida a reprodução total ou parcial desta obra,
de qualquer forma ou meio eletrônico, mecânico,
inclusive através de processos xerográficos,
sem permissão expressa do editor
(Lei nº 9.610/98).

Todos os direitos reservados pela
ÍCONE EDITORA LTDA.
Rua Anhanguera, 56 – Barra Funda
CEP 01135-000 – São Paulo – SP
Tel./Fax.: (11) 3392-7771
www.iconeeditora.com.br
e-mail: iconevendas@iconeeditora.com.br

Dedicatória

À minha esposa Aline pelos momentos de ausência (devido a divagações – risos) e também por ser minha inspiração principal sempre acreditando em mim.

A meus pais que me nortearam na vida através de seus exemplos.

A meus irmãos e sobrinhos pelo que me representam e a todos amigos que compartilham comigo em alguns devaneios.

Sobre o Autor

- Mestre em Educação e Sociedade pela UNIPAC-MG.
- Pós-graduado em Análise de Negócios e Informação pela UNIPAC Lafaiete – MG.
- Pós-graduado em Análise de Sistemas pela Faculdade de Filosofia, Ciências e Letras de Volta Redonda.
- Graduado em Matemática pela Faculdade de Filosofia, Ciências e Letras de Volta Redonda.
- Professor da UNIPAC-Lafaiete.
- Atua nas áreas de Tecnologia de Informação, Empreendedorismo, Planejamento Estratégico, Marketing e Gestão do Conhecimento.
- Autor dos livros Introdução a Engenharia de Produção e Marketing de Relacionamento – DATABASE MARKETING: uma estratégia para aplicação em mercados competitivos.

Sumário

Prefácio, 13

1. CONHECIMENTO, 19
    1.1. Definição, 19
        Conhecimento Popular, 19
        Conhecimento Científico, 20
        Conhecimento Filosófico, 20
        Conhecimento Religioso, 20
        Conhecimento Artístico, 21
        Conhecimento Técnico, 21
    1.2. Conhecimento: A verdade de Sócrates, 21
    1.3. Conhecimento: A gênese de tudo, 24
    1.4. Conhecimento Corrosivo, 26
    1.5. Conhecimento: A Busca de uma Verdade, 28

1.6. Breve História, 30
    Sócrates (470 – 399 aC), 30
    Hildegard Von Bingen (1098 – 1179), 31
    Mestre Eckhart (1260 – 1327), 31
    Leonardo Da Vinci (1452 – 1519), 32
    Nicolau Copérnico (1473 – 1543), 32
    Martinho Lutero (1483 – 1546), 33
    Giordano Bruno (1548 – 1600), 33
1.7. Conhecimento: o Discurso do Método, 35

2. DOCÊNCIA, 39
  2.1. Docência: Refletindo a Educação, 39
  2.2. Filosofia: o começo para uma boa educação, 42
  2.3. Ética: o x da questão, 46
  2.4. Política de um país, influenciando na política de uma escola, 48
  2.5. Buscando sua identidade, 51
  2.6. Brasil: este é um país que vai para frente?, 53

3. EDUCAÇÃO, 57
  3.1. Educação direcionada para seu ambiente, 57
  3.2. Educação: Fases Distintas, 61
  3.3. Educação: Trunfo Indispensável à Humanidade, 62
  3.4. Educação e Pedagogia, 63
  3.5. Educação: Desenvolvimento Total do Homem, 65
  3.6. Tendências da Educação, 66
  3.7. Educação e a Janela de JOHARI, 67
  3.8. Educação: Sinônimo de Liberdade, 69

3.9. Aprendendo para Ensinar, 71
3.10. Ignorância: a privação de Oportunidades, 73
3.11. Educação e Poder, 75
3.12. Poder Transformando a Educação, 78

4. OBSTÁCULOS PARA A EDUCAÇÃO, 81
   4.1. Amarga Realidade, 81
       Professores Narcisistas, 84
       Bola de Neve, 86
       Comerciantes do Saber, 87
       Professor × Terceirização, 88
       Professor Sabe Tudo !!!, 90
       Finjo que ensino e eles fingem que aprendem, 90
       Abuso de Poder através do Assédio, 92
       Aquém de meus Dotes Intelectuais, 93
       Lesando o Sistema, 95
       Inércia Profissional, 97
       Problema Político?, 98

5. EDUCADOR, 101
   5.1. Profissionais da Educação, 101
   5.2. Professor, profissional responsável pela mudança de comportamento, 103
   5.3. Perfil dos Professores: O ser professor × O estar professor, 107
   5.4. Papel do Educador, 110
   5.5. Docente: Um Referencial, 116

6. ESCOLA, 121
   6.1. Escola Responsável, 121

6.2. As Novas Exigências de Desempenho, 123
6.3. Escola e o Projeto Pedagógico, 124
6.4. Escola e o Plano de Ensino, 127
6.5. Didática: A Arte de Ensinar, 137
6.6. Aprendendo a Aprender, 139
6.7. A Escola na Sociedade: Uma parceria entre Escolas e Organizações, 141
6.8. As Múltiplas Inteligências como o Desenvolvimento da Educação, 142

REFERÊNCIAS BIBLIOGRÁFICAS, 149

ANEXOS, 155
   Anexo I – As Bem-aventuranças do Educador, 155
   Anexo II – Ilusões do Amanhã, 158

Prefácio

Todos os indivíduos esperam ter ou oferecer a seus entes queridos uma educação na qual prime qualidade, qualidade essa que prepare os educandos para enfrentarem uma sociedade altamente competitiva e que dê base para que esses alunos possam ser críticos e terem condições para construir seus próprios conhecimentos.

Para que esta educação não fique apenas em meras fantasias, os educadores necessitam desenvolver a criticidade de seus alunos, não através de um pacto a que muitos denominam pacto da mediocridade, onde muitos professores fingem que ensinam e grande parte dos alunos finge que aprendem. Os educadores precisam desenvolver um saber pensar em seus alunos.

Sabe-se que o bom educador é uma referência para seus alunos, isso é, mesmo que a escola não trabalhe em seu Projeto Político Pedagógico, ou em sua grade curricular o desenvolvimento do aluno como ser crítico e emancipado e faça desse aluno apenas parte de uma massa de manobra e objeto de manipulação, caberá aos educadores uma autonomia, a ponto de escolher para seus alunos, os conteúdos que efetivamente promovam neles atitudes, reflexões e manifestações objetivadas, fazendo-os fugir da alienação[1] que segundo Aranha (1996, p. 235) é a "perda da individualidade; perda da consciência crítica", o que vai contra os princípios de uma escola onde prevalece uma ecologia cognitiva[2].

Muitas instituições educacionais gastam fortunas com um falso marketing, fazendo da educação um comércio livre. A educação está caminhando para algo tão deplorável que muitas instituições escolares tanto no nível pré-escolar quanto no nível superior, para conseguir discentes, fazem grandes promoções como isen-

---

[1] Segundo Aranha (1996, p. 22) Alienação: O verbo alienar vem do latim *alienare*, "afastar, distanciar, separar". *Alienus* significa "que pertence a outro, alheio, estranho". Alienar, portanto, é tornar alheio, é transferir para outrem o que é seu, ainda Aranha (1996, p. 235). Alienação: Perda da individualidade; perda da consciência crítica.

[2] Ecologia Cognitiva – Local onde prevalece a disseminação do conhecimento.
Ecologia – Estudo das relações dos seres vivos com o ambiente em que vivem.

ção de matrículas e outros benefícios que não valerá a pena discorrer. Esquecem-se que a qualidade é algo que deve estar intrínseco em uma instituição educacional, seja nos Projetos Políticos Pedagógicos, em suas grades curriculares, em seus funcionários e em seu estatuto, sendo tudo isso, um grande diferencial para a escola.

Essas instituições podem e até conseguem fazer seus alunos obterem diplomas, mas quantas dessas instituições conseguem formar alunos com uma visão crítica desenvolvida? Será que esses diplomas são importantes para se fazer um cidadão, para que estes alunos consigam exercer a tão esperada cidadania?

Para Silva (2001) cidadania é o reconhecimento de sujeitos que são diferentes e que possuem diferenças, mas são portadores do direito de ter direitos. É desnaturalizar as desigualdades sociais revelando que elas são fruto de dominação de uma classe, e temos a obrigação de fazer com que nossos alunos façam valer sua condição de cidadão, o que vai ao encontro as palavras de Delors (2001, p. 67) onde ele nos fala que "é na escola que deve começar a educação para uma cidadania consciente e ativa".

Será que tais alunos têm consciência de que eles fazem parte de um sistema complexo, onde se encontram várias engrenagens e que a debilidade de uma dessas engrenagens compromete o resultado final e a sintonia, o equilíbrio entre todas essas peças que compõem este complexo sistema, faz movimentar uma complexa máquina chamada Brasil?

O que falta em grande maioria das escolas, seja pública ou privada é uma identidade. Algo que se faça reconhecer por toda a sociedade, já que muitas não demonstram tais particularidades.

A identidade deverá estar sendo demonstrada em seu Projeto Político Pedagógico (PPP). O PPP não deverá fugir da realidade escolar e tampouco da comunidade na qual a instituição se encontra situada, visto que muitos diretores e administradores escolares terceirizam o desenvolvimento do PPP ao invés de desenvolver com seus próprios funcionários o seu planejamento.

A intenção aqui não é tirar o mérito de empresas consultoras que se incumbem desse trabalho, e sim de mostrar que cabe aos próprios funcionários e comunidade escolar o desenvolvimento do PPP, colocando nele a realidade e o sonho de cada profissional fugindo a um PPP escrito por empresas de consultoria que desconhecem a realidade da escola, dos professores, dos alunos e da comunidade, colocando nesse projeto desenvolvido por ela, palavras bonitas, muitas vezes desconhecidas pelos próprios professores, inexistindo um processo aplicável, visto que o PPP não faz parte da realidade dessa escola.

Sabe-se de casos em que escolas pagaram para empresas desenvolverem os PPP's e/ou simplesmente pegaram tais projetos de escolas de capitais, ignorando todo o processo que deve ser empregado para obtenção do que está planejado.

Quando uma escola se preocupa em desenvolver ela própria o seu PPP, ela cria um clima de co-autoria com seus funcionários, inserindo em seu projeto, realidades e desejos compartilhados pela grande maioria o que será um grande diferencial para a obtenção do que se está planejando, levando seus co-autores a buscar uma educação com qualidade.

1. Conhecimento

1.1 Definição

Segundo Oliveira Neto (2006, p. 3) o conhecimento pode ser compreendido "como acúmulo de informação de cunho intelectual, com o domínio (teórico ou prático) acerca de um assunto, científico ou não". O próprio autor divide o conhecimento em seis níveis, sendo eles: conhecimento popular, científico, filosófico, religioso, artístico e conhecimento técnico.

Conhecimento Popular

É um conhecimento baseado em opinião não comprovada cientificamente. São experiências do dia-a-dia. Ele é passado de geração a geração, sem se ater a estudos comprobatórios, pesquisas e/ou métodos. Nele não é estabelecido uma correlação pertinente entre fatos e tampouco interpretação.

Conhecimento Científico

É um conhecimento que tem como cerne uma investigação metodológica e sistemática da realidade. Ele é verificado na prática pela demonstração e pela experimentação. Através desse conhecimento, observa-se uma igualdade ou subordinação com outros fatos ou fenômenos, o que origina na conclusão de leis gerais e universais para os casos de mesma natureza trabalhando com uma razão aplicada. Esse conhecimento é crítico e objetivo.

Conhecimento Filosófico

Esse conhecimento trabalha com a razão pura. Questiona problemas humanos fazendo distinção entre o certo e o errado, o bem e o mal. Faz valer da razão humana e utiliza do método racional predominando um processo dedutivo precedido da experiência. Exige uma coerência lógica e não uma confirmação experimental. Trabalha mediante uma visão crítica e objetiva.

Conhecimento Religioso

É conhecido como conhecimento teológico. Ele está relacionado a verdades divinas, ou seja, são verdades indefectíveis ou indiscutíveis. Sua adesão ocorre pela fé, visto que o Criador Divino, ao criar o mundo e as coisas, não deixa evidenciar qualquer sombra de dúvida, por isso, esse conhecimento não necessita ser analisado. Não está baseado em uma visão crítica e é totalmente subjetivo.

Conhecimento Artístico

É um conhecimento produzido pelas emoções e tem em sua essência a intuição. O objetivo desse conhecimento está focado no sentimento e não no pensamento. O tema não é a maior preocupação do indivíduo, mas como tratá-lo é que deve ser observado. Esse conhecimento tem uma visão crítica e subjetiva.

Conhecimento Técnico

Esse conhecimento é muito utilizado nos dias atuais. Teve sua maior adesão com o capitalismo. Nele intervém a razão e está diretamente relacionado a uma ação. Tem uma visão crítica e objetiva.

1.2 Conhecimento: A verdade de Sócrates

Para Gallo (1997) o estudo do conhecimento não é recente. Ele existe desde a época da antiga Grécia. Os filósofos fazem perguntas de caráter reflexivo, ou seja, o pensamento dentro de uma ação humana que permite uma tomada de atitude dos homens diante de acontecimentos da vida.

A procura do conhecimento vem sendo o motivo de muitas e muitas dúvidas, desde a época da antiga Grécia, onde originou o termo filosofar. Para esta época, o conhecimento consistia compreender o homem com um ser situado numa época que se sente perplexo com a realidade vivida e começa a interrogar sobre tal realidade, buscando uma razão fundamental para tudo que existe.

Conhecimento é veracidade, isto é, o conhecimento não deve ser mera ideologia. Em outras palavras, não deve ser máscara para dissimular e ocultar a realidade servindo para a exploração e a dominação entre os homens. Assim como a verdade exige a liberdade de pensamento para o conhecimento, também exige que seus frutos propiciem a liberdade e a emancipação de todos e, por fim, a verdade deve ser objetiva, isto é, deve ser compreendida e aceita universal e necessariamente, sem que isso signifique que ela seja "neutra" ou "imparcial", pois o sujeito do conhecimento está vitalmente envolvido na atividade do conhecimento e o conhecimento adquirido pode resultar em mudanças que afetem a realidade natural, social e cultural.

O conhecimento sempre gerou poder. Segundo Mañas (1994, p. 72) "O conhecimento é uma riqueza", isto porque o conhecimento era centralizado em uma minoria, levando muitas pessoas esclarecidas a pagarem com a vida por saberem demais, é o caso de Sócrates que foi obrigado a tomar "cicuta", pois seus questionamentos despertavam a ira de muitos sofistas, que indignados, arquitetaram um plano, julgando-o e condenando-o a morrer envenenado.

Segundo Gallo (1997, p. 16), Sócrates dizia que "o conhecimento do que é certo leva a agir correto", o que veio a corroborar com a palavra a um líder religioso Jesus Cristo, a quase 500 anos depois de Sócrates, quando dizia a seus discípulos: "Conhecei a Verdade e ela vos libertarás".

Sócrates sempre encontrou definições claras e válidas para o que é certo e o que é errado, afirmando racionalmente sua capacidade de distinguir o certo e o errado na razão. Só assim, agindo racionalmente, as pessoas poderiam ser de fato felizes. A felicidade real, é o bem-comum. Foi ele quem criou o método dialógico. Afirmava que a verdade pode ser conhecida. Para conhecê-la devemos afastar as ilusões dos sentidos e as das palavras ou das opiniões e alcançar a verdade apenas pelo pensamento. Os sentidos nos dão as aparências das coisas e as palavras, meras opiniões sobre elas. Conhecer é passar da aparência à essência, da opinião ao conceito, do ponto de vista individual à idéia universal de cada um dos seres e de cada um dos valores da vida moral e política. O conhecimento nos leva a indagar quais as causas das ilusões, dos erros e das mentiras.

Afirmando ironicamente que de nada sabia, Sócrates desarmava seu interlocutor e encorajava-o a expor seus pontos fracos. Através de perguntas, introduzia ora um, ora outro conceito, até que a pessoa via-se em tal conflito que já não podia prosseguir. Embaraçada, percebia que não sabia o que julgava saber e que apenas cultivara preconceitos. A partir daí, Sócrates podia guiá-la para o verdadeiro conhecimento, fazendo que extraísse de si mesma a resposta.

1.3 Conhecimento: a gênese de tudo

O conhecimento sempre foi a chave mestra para compreender a vida e vivê-la com justiça e dignidade. Ele é veracidade, isto é, o conhecimento não deve ser mera ideologia. Em outras palavras, não deve dissimular e tampouco ocultar a realidade servindo para a exploração e a dominação das massas.

O conhecimento está associado à experiência, à intuição, aos valores. Ele está ancorado a crenças e compromissos das pessoas que o detêm e é essencialmente relacionado à ação humana; então, conhecimento é como uma capacidade de agir, continuamente criada por um processo de saber que não deve ser destacado de seu contexto.

Através do processo de saber os seres humanos dão sentido à realidade em sua volta, categorizando-a em teorias, métodos, sentimentos, valores e habilidades.

A educação auxilia na busca do conhecimento. Conforme nos mostra Aranha (1996, p. 50), a educação é um "fator importantíssimo para a humanização e a socialização". O educador tem a função de levar o aluno para o novo buscando nele a autonomia[3] e não a heteronomia[4], e não ficar na educação de palavras de ordem e não criação do pensamento. Tem que fazer do aluno um ser questionador, e também o próprio professor tem que ser questionador, tem que se perguntar se o que está ensinando é realmente pertinente para o aluno, ou se está sendo mais um conteudista e fazendo uso do ensino bancário, o que muitas instituições convergem para tal definição, onde mais informa do que forma, fazendo do que poderia ser uma educação de qualidade, apenas um depósito de conteúdos nem tão relevantes na sua maioria das vezes, deixando seqüelas na criatividade tanto do educando quanto do educador.

A criticidade de um aluno se dará a partir do momento em que o mesmo conseguir vislumbrar sua cidadania. Faz-se necessário que o aluno entenda a importância em ser cidadão e como se tornar um cidadão sempre questionador, uma vez que, cabe ao cidadão o exercício de seus direitos e deveres. Segundo Tomazi (1999) não basta os diretos estarem inscritos na Constituição de um país. Será através dos exercícios desses direitos que se dará a solidez e a permanência.

---

[3] Auto = próprio; nomos = lei; Autonomia = lei própria, capacidade de decisão.
[4] Hetero = diferente; nomos = lei; Heteronomia = depende da lei do outro.

O autor afirma que os direitos e deveres só existirão quando forem vivenciados, e será através de uma cidadania ativa que será solidificado os direitos e deveres conquistados.

Para Mañas (1994) o conhecimento é uma riqueza. O conhecimento traz na maioria das vezes um poder, poder este de gerar mudanças, poder de influenciar massas.

1.4 Conhecimento Corrosivo

Platão era um grande discípulo de Sócrates, e segundo Gallo (1997 p. 17) sua preocupação consistia em "perceber a relação entre aquilo que, de um lado, é eterno e imutável, e aquilo que, de outro, flui, ou seja, movimenta-se". O que é eterno e imutável está no plano ideal, racional e espiritual, ou seja, está no mundo das idéias. Já aquilo que flui, pertence ao mundo dos sentidos e dos acontecimentos. Essa preocupação se deu, porque ele queria provar a existência de um conhecimento verdadeiro. Por isso ele partiu da constatação de que tudo aquilo que sabemos, temos acesso ou pelos sentidos (visão, audição, tato, paladar e olfato) ou pelo pensamento, razão. O grande problema é saber qual é o mais confiável? Depois de muito filosofar chegou à conclusão de que o verdadeiro conhecimento é o das idéias, e não o dos sentidos, que é apenas aparência.

Foi Platão que formulou a teoria da reminiscência. Segundo esta teoria, nada se aprende e nada se ensina, pois a alma apenas se *recorda*, de tudo que viu e de tudo que conheceu em suas infinitas vivências. A verdadeira ciência e a verdadeira opinião são apenas uma vaga recordação das verdades eternas que um dia a alma contemplou. Para Platão, conhecimento puramente intelectual e perfeito encontra-se na matemática, cujas idéias nada devem aos órgãos dos sentidos e não se reduzem a meras opiniões subjetivas.

O conhecimento matemático seria a melhor preparação do pensamento para chegar à intuição intelectual das idéias verdadeiras, que constituem a realidade. Ele diferencia e separa radicalmente duas formas de conhecimento: o conhecimento sensível (crença e opinião) e o conhecimento intelectual (raciocínio e intuição) afirmando que somente o segundo alcança o Ser. O conhecimento sensível alcança a mera aparência das coisas, o intelectual alcança a essência das coisas, as idéias.

A famosa "teoria das formas" — é a mais importante contribuição platônica à Filosofia. Segundo Platão, o Mundo Sensível (o que se aprende pelos sentidos), variado e mutável, é apenas um aspecto do mundo real, constituído por formas puras, fixas e imutáveis que só podem ser conhecidas intelectualmente, através da razão pura.

Platão, como os pitagóricos, acreditava que a alma já existia antes do corpo, continuava a existir após a morte e posteriormente entrava em novo corpo prestes a nascer. Em estado puro, era a alma capaz de contemplar sem obstáculos o Mundo das Formas; ao adentrar um novo corpo, porém, ocorria um choque e produzia-se o esquecimento. Mas, traços dessa contemplação permaneciam no espírito e podiam ser eventualmente reativados. Para conhecer, portanto, era preciso relembrar.

A forma suprema é a do Bem, capaz de tornar compreensíveis todas as demais. O verdadeiro conhecimento é o conhecimento do Bem. O filósofo, de todos o mais apto a adquirir esse conhecimento, é conseqüentemente o mais apto a governar a cidade-estado ideal. Ele acreditava que a filosofia tem um fim prático, moral; é a grande ciência que resolve o problema da vida. Este fim prático realiza-se, no entanto, intelectualmente, através da especulação, do conhecimento da ciência. Mas – diversamente de Sócrates, que limitava a pesquisa filosófica, conceptual, ao campo antropológico e moral – Platão estende tal indagação ao campo metafísico e cosmológico, isto é, a toda a realidade.

1.5 Conhecimento: A Busca de uma Verdade

Segundo Reale (1994), o conhecimento é a relação entre sujeito conhecedor e um objeto conhecido, sendo que a função do sujeito consiste em apreender o objeto, e devido a isso, o simples ato de conhecer exige a análise do sujeito conhecedor e do objeto conhecido e que corrobora com Kant (1999) quando diz que o conhecimento é para o homem uma questão de sobrevivência. Conhecendo o meio, o homem adapta-se a ele e o transforma.

A busca do conhecimento leva a verdade, e indiferente da linha em que se deseja situar, alguns pontos são convergentes, quanto às exigências fundamentais da verdade. Estas (exigências) se baseiam em: compreender as causas da diferença entre o parecer e o ser das coisas ou dos erros; compreender as causas da existência e das formas de existência dos seres; compreender os princípios necessários e universais do conhecimento racional; compreender as causas e os princípios da transformação dos próprios conhecimentos; separar preconceitos e hábitos do senso comum e a atitude crítica do conhecimento; explicitar com todos os detalhes os procedimentos empregados para o conhecimento e os critérios de sua realização; liberdade de pensamento para investigar o sentido ou a significação da realidade que nos circunda e da qual fazemos parte; comunicabilidade, isto é, os critérios, os princípios, os procedimentos, os percursos realizados, os resultados obtidos devem poder ser conhecidos e compreendidos por todos os seres racionais.

O conhecimento tem que perpassar o conhecimento sensível, conhecimento este baseado nas crenças e opiniões. O conhecimento tem que ser intelectual, ou seja, o de raciocínio e intuição, fazendo com que este alcance e não ficando apenas as aparências das coisas e sim buscando a essência e as idéias das coisas.

1.6 Breve História

O conhecimento tem que incomodar quem o detém. Ele não deve existir pelo simples fato de existir. Deve ser disseminado, esclarecendo quem o possui, quem deseja e também quem necessita ser esclarecido.

Infelizmente, as pessoas que tinham um conhecimento "corrosivo" para a sociedade na época em que viviam, muitas vezes eram perseguidos e muitas outras, eliminados; como que se eliminassem também o conhecimento que estes indivíduos possuíam. Façamos uma breve revisão em nossa história, não com o intuito de julgar, mas com a intenção de mostrar que tivemos pessoas que viam coisas por um prisma diferente ao que era imposto em suas épocas.

Sócrates (470/469 a 399 a.C.)

Comecemos com o filósofo Sócrates. Este grande filósofo, denominado pai da filosofia, considerado grande inimigo dos sofistas (pseudo-sábios), pessoas essas que se achavam sabedores de tudo e detinham o poder da sociedade.

Sócrates começou a incomodá-los quando, através do seu método dialógico, dialogando com todos, fazendo com que eles mesmos chegassem à própria conclusão.

Sócrates se sentia incomodado com a hipocrisia e com os falsos fundamentos dos sofistas cometendo-se assim toda a sorte de abusos, injustiças e especulações contra sua própria pessoa. Ele ao fazer com que seus ouvintes começassem a perceber tais problemas através de questionamentos, os pseudo-sábios (seus inimigos) fizeram especulações de maneira a encobrir ressentimentos e manobras políticas que Sócrates fosse condenado por um julgamento moral, distorcido a beber o cálice de cicuta (veneno fortíssimo).

Hildegard Von Bingen (1098 - 1179)

Extraordinária pensadora, filósofa e teóloga. Ela era uma freira (rara exceção para época) que fazia sermões públicos que sempre atraía multidões devido a seu carisma e pela sua beleza física.

Devido a sua coragem e visão das coisas, sempre foi atacada. Seu maior erro foi desafiar a igreja que na época, tinha mais poder que reis.

Além de muitas coisas, Hildegard Von Bingen acreditava que Deus seria Pater-Mater. O Deus supremo teria também um lado feminino, ou uma "natureza feminina", algo completamente absurdo pela sociedade completamente machista da época.

Mestre Eckhart (1260 - 1327)

Teólogo com um conhecimento de dimensões revolucionárias. Escreveu várias obras, e nessas obras, esteve sempre presente a unidade entre Deus e o homem. Para ele, não existia um mal absoluto, existia tão-somente o erro na busca da evolução da alma.

Ele pregava que tínhamos um poder e que o mundo sempre seria para nós, aquilo que dele pensássemos. Tais pensamentos, encadearam a infalibilidade papal. Após sua morte, grande parte de suas obras foram consideradas como heréticas ou escabrosas e temerárias, dentre essas, estava a que transformamos em Deus.

Leonardo Da Vinci (1452 - 1519)

Esse era sem dúvida um dos mais notáveis pensadores. Ele foi: pintor, escultor, arquiteto, engenheiro, cientista, inventor e escritor italiano. Sua arte influencia toda a história da pintura que se segue.

Através de seu vasto conhecimento, ele superou o pensamento medieval dominado na época pelo poder eclesiástico e colocou o homem no centro da criação, envolvendo-se assim em várias intrigas religiosas (Vaticano).

Nicolau Copérnico (1473 - 1543)

Matemático e astrônomo, foi o pai da teoria heliocêntrica, onde diz que o Sol é o centro do Universo e também o verdadeiro centro do Sistema Solar, e não a Terra como se acreditava na época.

Nicolau era um homem temente a autoridade religiosa e apresentou sua teoria apenas para os astrônomos, em um manuscrito em latim: *Revolutionibus Orbium Coelestium* o que limitava o acesso a uma elite letrada, mesmo assim, foi advertido pela igreja por estar se intrometendo em assuntos religiosos.

Faz-se necessário frisar que para época, alguns assuntos eram de responsabilidade apenas eclesiástica.

Martinho Lutero (1483 - 1546)

Monge, que diante de seu conhecimento religioso e de sua revolta constatou inadmissível certas atitudes da igreja. Existiam superstições inaceitáveis na doutrina dos padres e também uma grande arbitrariedade dos papas, que pareciam mais nobres que líderes religiosos.

Através de vários questionamentos, fazendo um movimento para acabar com a corrupção na religião, foi excomungado pelo papa e proscrito pelo imperador romano. Mesmo assim, Lutero continuou mostrando suas idéias onde se conseguiu adeptos, adeptos esses como Duque Frederico da Saxônia que lhe deu proteção.

A esse movimento, deu-se o nome de "Reforma" e seus seguidores de protestantes, devido a inconciliável divergência com as idéias da igreja católica.

Giordano Bruno (1548 - 1600)

Obteve esse nome quando foi ordenado sacerdote. Sempre teve uma mente inquieta e totalmente independente. Devido a esse fato, sempre teve problemas com seus superiores tendo sido processado por insubordinação.

Senhor de uma mente brilhante e com excelentes dotes intelectuais, teve admiração e também inimigos o que o fez fugir para vários lugares.

Seu pensamento era holista, naturalista e espiritualista. Ele pregava a pluralidade dos mundos habitados, sendo a Terra apenas mais um de vários planetas que giram em volta de outras sistemas, e pregava também a percepção que se exprimia na ordem natural, onde todos as coisas, quer tenhamos idéias ou não, estão interligadas e se inter-relacionam de maneira mais ou menos sutil (holismo). O mesmo foi condenado a morrer queimado.

Cabe aqui, ressaltar que assim como tivemos esses personagens, tivemos também inúmeros outros que com suas idéias não institucionalizadas, influenciaram ou ainda influenciam a sociedade, como Platão, Aristóteles, Kant, Descartes, Maquiavel, Marx e muitos outros. Não é o objetivo aqui, falar de todos, o objetivo principal foi apenas mostrar que o conhecimento pode incomodar as classes dominantes, e quanto a isso, não devemos nos compactuar e tampouco nos calar. O conhecimento que enquadra o ser à sociedade.

Temos que nos fazer ouvir por todos e levar tal conhecimento a todos sem distinção de classe social, credo, cor ou sexo.

1.7 Conhecimento: O Discurso do Método

Para os filósofos gregos, a pergunta era a seguinte: Como o erro era possível? A realidade é a Natureza, e dela fazem parte os humanos e as instituições humanas. Por sua participação na Natureza, os humanos podem conhecê-la, pois são feitos dos mesmos elementos que ela e participam da mesma inteligência que a habita e dirige.

Outro filósofo e devagar sobre o conhecimento, era o grande filósofo René Descartes, para ele tudo gerava dúvida. Descartes criou o Discurso do Método, ou seja "Dúvida Metódica". Ele duvidava voluntariamente e sistematicamente de tudo. Para Descartes, devemos duvidar dos sentidos, uma vez que eles freqüentemente nos enganam. A única coisa que ele não duvidava era a sua própria existência, cuja frase mais famosa era: "penso, logo existo", o que passou ser a base do pensamento cartesiano. Conforme Descartes, mesmo que tudo o que penso seja falso, resta a certeza de que eu penso. Nenhum objeto de pensamento resiste à dúvida, mas o próprio ato de duvidar é indubitável. No seu método definiu quatro regras que propôs nunca abandonar e decidiu seguir apenas a sua própria razão, sendo: não aceitar nada como verdadeiro se não lhe fosse apresentado provas, clareza e distinção; dividir cada uma das dificuldades nas suas partes mais simples, de modo a facilitar a resposta (conhecido por muitos como refinamento sucessivo); conduzir o raciocínio por ordem começando pelo mais simples e acabando no mais complexo, e por último, fazer enumerações tão completas e gerais a ponto de nada ficar por dizer.

Descartes criou a dúvida metódica, pela qual o sujeito do conhecimento, analisando cada um de seus conhecimentos, conhece e avalia as fontes e as causas, a forma e o conteúdo de cada um, a falsidade e a verdade de cada um e encontra meios para livrar-se de tudo quanto seja duvidoso perante o pensamento. Ao mesmo tempo, o pensamento oferece ao espírito um conjunto de regras que deverão ser obedecidas para que um conhecimento seja considerado verdadeiro. Para Descartes, o conhecimento sensível (isto é, sensação, percepção, imaginação, memória e linguagem) é a causa do erro e deve ser afastado. O conhecimento verdadeiro é puramente intelectual, parte das idéias inatas e controla (por meio de regras) as investigações filosóficas, científicas e técnicas.

Descartes assegura-nos ter encontrado, no fundo, a certeza da dúvida: a dúvida é um pensamento, e, no instante em que a penso, não posso duvidar de que a penso. Em sua concepção, influenciada pelos avanços na técnica da relojoaria holandesa, Descartes achava que o Universo nada mais era que uma máquina. A natureza funcionava mecanicamente de acordo com leis matematizáveis. Esse quadro tornou-se o paradigma dominante na ciências até nossos dias. Ela passou a orientar a observação e produção científica até que a física do século XX passou a questionar seus pressupostos mecanicistas básicos.

Em sua tentativa de construir uma ciência natural completa, Descartes ampliou sua concepção de mundo aos reinos biológicos. Plantas e animais nada mais eram que simples máquinas. Esta concepção trouxe conseqüências no nível biológico, psicológico (lembremo-nos do Behaviorismo[5], em Psicologia) e no econômico (manipulação comercial de animais sem consideração ética alguma). As conseqüências dessa visão mecanicista da vida para a medicina foram óbvias, tendo exercido uma grande motivação no desenvolvimento da Psicologia nos seus primórdios.

As conseqüências adversas, porém, são igualmente óbvias: na medicina, por exemplo, a adesão rígida a este modelo impede os médicos (os grandes cartesianos) de compreender como muitas das mais terríveis enfermidades da atualidade possuem um forte vínculo psicossomático e sócio-ambiental. Com a teoria do conhecimento tornou-se o Pai do Racionalismo.

Para um inatista como Descartes, a realidade em si é espacial, temporal, qualitativa, quantitativa, causal. Ele acreditava, partindo de Galileu, que a chave

---

[5] Segundo Aranha (1996, p. 235) Behaviorismo: [do inglês behaviour, "comportamento"]. Psicologia objetiva que, iniciada por Watson e desenvolvida por Skinner, baseia-se exclusivamente nos dados observáveis do comportamento exterior, com exclusão dos dados da consciência. O comportamento é explicado pelas relações entre estímulo e resposta, a partir do fenômeno do reflexo condicionado. Aranha, Maria Lúcia de Arruda. Filosofia da Educação. 2ª ed. São Paulo: Moderna, 1996.

para a compreensão do Universo era a sua estrutura matemática. Seu método, pois, consistia em subdividir qualquer problema a seus níveis mínimos, dando ênfase no método analítico tornou-se uma característica essencial do moderno pensamento científico. Foi ele que possibilitou levar o homem à lua, mas sua excessiva dominância nos meios científicos também levou à fragmentação características das *especializações* dos nossos meios acadêmicos, plenos de cientificismo, e no nosso pensamento em geral.

Este método, tomando como um dogma, levou à atitude generalizada de reducionismo em ciência – a crença de que a compreensão de partes que constituem um todo (sem levar em conta interinfluências ambientais ou não lineares) podem ser adquiridas plenamente pela análise.

2. Docência

2.1 Docência: Refletindo a Educação

A docência é uma atividade que está correlacionada a outras áreas. Um professor deve trazer consigo, algumas características de áreas afins como: psicologia, sociologia, assistência social, pedagogia, psicopedagogia, filosofia e antropologia. Uma das maneiras de se obter tais informações será através da leitura, isso o auxiliará não na normalização das pessoas, pois as pessoas não devem ser normalizadas, mas na normalização do contexto em que se desenvolve a aprendizagem. Para Delors (2001, p. 48) a educação "deve, pois, procurar tornar o indivíduo mais consciente de suas raízes, a fim de dispor de referências que lhe permitam situar-se no mundo" e esse situar-se não deve fazer do aluno uma massa de manobra, mas um ser racional, crítico e com forte tendência humanista.

Nas áreas correlacionadas a educação, começaremos com a psicologia. Uma das funções da psicologia dentro de uma escola é estudar os comportamentos dos alunos, o que acarreta também a função de auxiliar e orientar os alunos com problemas emocionais. Já a área da sociologia estuda as ocorrências oriundas das relações sociais estabelecidas entre pessoas e/ou grupos, percebendo-se a realidade social, analisando-se os mecanismos dos relacionamentos entre si dentre suas organizações sociais. A assistência social tem a função de promover o desenvolvimento de capacidades e competências sociais nos níveis de cognição, relacional e organizativo. No primeiro está o conhecimento, no segundo está relacionado ao desenvolvimento das relações interpessoais e grupais e ao estímulo de novas formas de comunicação e expressão. Por último temos a promoção do cidadão, organização e estruturas sociais.

Dando continuidade as áreas afins, temos a pedagogia, que faz a articulação no processo ensino-aprendizagem. Cabe a ela a qualidade da educação, conduzindo a atividade no sentido do desenvolvimento do processo educativo que contribui para a formação do homem. Ela imbui o processo educativo de valores humanos, o que pode ser reforçado com a psicopedagogia que dá atendimento a pessoas com problemas de aprendizagem, atuando tanto na prevenção, diagnóstico e também tratamento clínico ou institucional. Sua atuação não se limita ao espaço escolar apenas, mas a família e a comunidade, esclarecendo as diferentes etapas do desenvolvimento cognitivo, fazendo com que os demais compreendam, evitando de certa maneira, atitude de cobranças. Mas para se criar alunos cidadãos, usa-se do recurso da filosofia que trabalha com conceitos como beleza, justiça, verdade e ética. Através da filosofia é delimitada uma concepção mínima de racionalidade, restaurando na pessoa a confiança e a capacidade da interpretação dos registros no ser, através de atividades críticas e reflexivas e tem na área da antropologia o estudo do homem como um ser biológico, cultural e social. No homem biológico, é analisado o homem em seus aspectos genéticos e biológicos. No homem cultural trabalha-se sistemas simbólicos, religião e comportamento e no homem social trabalha-se a organização social e política, além dos parentescos e instituições sociais.

O docente ao agregar estas características conseguirá fazer com que seu aluno receba uma educação que o leve a desenvolver em si uma cidadania consciente e ativa e para isso, não se deve padronizar os estudos, pois cada região tem suas características, carências e os indivíduos têm suas diferenças e especificidades.

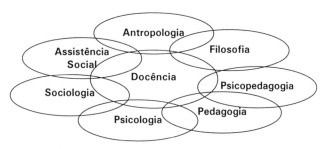

Figura 1: Áreas correlacionadas à docência.
Fonte: Tavares, Wolmer Ricardo.

Para que uma população se desenvolva com ética, eqüidade, igualdade e respeito, faz-se necessário um grande investimento na educação, não na educação bancária onde se faz do aluno um depósito de informação de pouca relevância para o seu crescimento. A educação tem que ter sua origem do *educere* (latim) que significa extrair, tirar, desenvolver, ou seja, extrair a essência boa do ser humano, e tirar as vicissitudes que o levam a cair e desenvolver um homem de personalidade, de caráter, de justiça e de amor desenvolvendo nele toda a perfeição que lhe é peculiar.

2.2 Filosofia: o começo para uma boa educação

A filosofia tem um fim prático, moral; é a grande ciência que resolve o problema da vida. Este fim prático realiza-se, no entanto, intelectualmente, através da especulação, do conhecimento da ciência. Os filósofos fazem perguntas de caráter reflexivo, ou seja, o pensamento dentro de uma ação humana que permite uma tomada de atitude dos homens diante de acontecimentos da vida, e a filosofia cria homens livres. Ela tem uma preocupação com o saber, já que (filo = amigo, sofo = saber).

O filósofo é aquele que investiga em busca de relações que lhe permitam entender, de forma autônoma, a si mesmo e ao mundo em que vive, utilizando como instrumento de sua investigação aquilo que sua razão poderia alcançar.

Para se educar alguém, se faz necessário trabalhar a liberdade dessa pessoa, seja na expressão ou na própria maneira de ser. Nietzsche, afirmava que o homem de ressentimento é incapaz de amar, e o ressentimento é uma algema que prende o ser humano a um fato e o impede de seguir em frente. Esse ressentimento pode ter ocorrido por causa de um mau educador, pelo companheiro de classe, pelo tratamento recebido de seus responsáveis, ou por qualquer outra natureza, e cabe aos profissionais da educação, construir um ambiente onde o aprendizado ocorra de maneira prazerosa e livre, onde não se use métodos de punição, visto que, muitos professores não conseguem abrir mão de uma avaliação punitiva, alimentando uma ilusão de controle sobre a turma, onde será ministrada sua aula. Esses maus professores utilizam sempre da mesma fala: "vocês verão no dia da prova!", "isso cairá na prova", ou "no dia da prova não adiantará perguntar" e muitas outras frases utilizadas de maneira a se ter um completo controle sobre a massa de manobra lembrando as experiências de Pavlov.

Através de uma filosofia aplicada a educação, respeitando o nível de onde se encontra o aluno, esse aluno no decorrer das aulas, aprenderá a entender a mãe da ciência e verá que a vida tem que ser examinada e repensada em seu maior rigor. A filosofia ensinada desde as séries básicas, fará de nossos alunos seres mais fortes para enfrentar seus próprios questionamentos, dando-os um ferramental, uma base para que se possa instaurar um inquérito e fugir das receitas.

Alguns alunos questionam o porquê da filosofia nas grades curriculares das instituições onde estudam, mas poucos desses alunos sabem questionar, pois mal conseguem definir com suas próprias palavras o que é filosofia, qual sua relevância no meio em que se pretende atuar e quais benefícios que a mesma traz para a sua formação como profissional, e antes de tudo, como homem, ser vivo.

Através da filosofia se poderá direcionar os alunos a um conhecimento cognitivo e também a um conhecimento político, esse que desenvolverá a sua cidadania entendendo o ambiente que o cerca e modificando-o para dominá-lo.

A filosofia instiga o aluno a um pensar melhor, a um pensar por si próprio, através de um diálogo investigativo, para isso, deve ser passada nas escolas desde a série inicial, tendo por excelência a capacidade de fornecer às crianças a fazerem juízos logicamente corretos, estimular atitudes éticas e o pensamento reflexivo, visto que as ações humanas não é um fator genético, mas um fator que necessita ser trabalhado de maneira pedagógica estimulando as atitudes emotivas e restringindo a capacidade reflexiva.

Figura 2: Aluno pensando.
Fonte: COUTO, José Carlos Nogueira e LOMBA, Tâmara Miranda.

2.3 Ética: o x da questão

Segundo Nogueira (1989) ética é uma palavra de origem grega *ethos* significa originalmente morada, seja o *habitat* dos animais, seja a morada do homem, lugar onde ele se sente acolhido e abrigado. O segundo sentido, proveniente deste, é costume, modo ou estilo habitual de ser. A morada, vista metaforicamente, indica justamente que, a partir do *ethos*, o espaço do mundo torna-se habitável para o homem. Assim, o espaço do *ethos* enquanto espaço humano, não é dado ao homem, mas por ele construído ou incessantemente reconstruído.

O pressuposto básico da ética de Sócrates é que basta saber o que é bondade para que se seja bom, ele próprio pensa na ética não como uma especulação abstrata, mas como uma força transformadora, capaz de trazer a felicidade a ambos, Sociedade e Indivíduo – aliás a única forma de se obter esta felicidade, o que é corroborado pelas idéias de Platão. Platão sonha com uma sociedade ideal na qual não praticar o bem torna-se uma impossibilidade tal a extensão das instituições que eliminam a vida privada, já Aristóteles propõe que a Lei deve ser capaz de compreender as limitações do ser humano, aproveitar-se das suas paixões e instintos, e produzir instituições que promovam o bem e reprimam o mal. As idéias aristotélicas divergem das idéias platônicas, pois para Platão a Lei deve moldar o real e para

Aristóteles o real deve moldar a Lei. Já para Kant a Ética é autônoma e não heterônoma, isto é, a lei é ditada pela própria consciência moral e não por qualquer instância alheia ao Eu.

Segundo Vázques (2002), a ética é a ciência da moral, isto é, de uma esfera de comportamento humano. Gallo (1997) acrescenta que a ética é a parte da filosofia que se dedica a pensar as ações humanas e os seus fundamentos. Segundo o socialista Betinho, é um conjunto de princípios e valores que guiam e orientam as relações humanas. Esses princípios devem ter características universais, precisam ser válidos para todas as pessoas e para sempre, e em nosso *Dicionário da Língua Portuguesa* de Aurélio Buarque de Holanda Ferreira a ética "s. f. Estudos dos juízos de apreciação referentes à sua conduta humana suscetível de qualificação do ponto de vista do bem e do mal, seja relativamente a determinada sociedade, seja de modo absoluto".

Através da ética, entenderemos a visão da distinção entre diferença e desigualdade. Conforme Rodrigues (1994), a desigualdade deriva de um tipo de privação social, por exemplo: quando um é rico e outro é pobre. Isso não significa que os dois sejam diferentes, mas que diante da riqueza, um tem e o outro não. É um princípio ético. A diferença não se relaciona necessariamente com a ética. Uma pessoa pode ser diferente da outra e não desigual.

Figura 3: Ética.
Fonte: COUTO, José Carlos Nogueira e LOMBA, Tâmara Miranda.

2.4 Política de um país, influenciando na política de uma escola

Para se trabalhar o poder e as influências que ele exercer, precisará trabalhar mais os sentimentos dos indivíduos e menos a inteligência, será um trabalho mais emocional e menos racional, e a nunciopolítica será uma excelente ferramenta, caso contrário a educação emancipadora ficará em segundo plano, deixando agir a pedagogia dos dominantes, pois a nunciopolítica é uma comunicação política voltada para o controle e aquisição do poder. Para Andrada (1998), a nunciopolítica está encarregada de mensagens e notícias voltadas para o poder, procurando apoiá-lo ou alterá-lo.

Será através da ciência política que o poder poderá afetar ou influenciar a vontade de um povo, pois a dominação é a característica básica do poder político, ou seja, a capacidade de controle, direcionamento e até mesmo imposições.

A nunciopolítica pode e deve também encontrar meios para inserir o poder em uma população, fazendo com que prevaleça a vontade do povo, pois esse poder deve ser exercido em nome do povo, já que ele emana do povo.

O poder sempre foi a causa de tudo, seja dos sucessos, fracassos e esperanças. É através do poder que o homem e a sociedade evoluem. Poder este que pode ser manipulado em nossa contemporaneidade através da midiologia.

A nunciopolítica será o grande ferramental para se adquirir tal poder, pois ela será o grande diferencial para se manipular as emoções de um povo e passará a influir decisivamente na gestão de grandes entidades partidárias. Essas entidades através da nunciopolítica encontraram os meios de se firmarem a autoridade e de se propagar medidas políticas de maior alcance.

A política de um país ou de uma certa região, influencia e muito a política pedagógica de uma escola. Em algumas escolas, as políticas pedagógicas não estão voltadas para uma neodiretividade emancipadora do aluno, pelo contrário, tais políticas têm o intuito de dissecar todo o corpo social, transformando em massa amorfa e em microsseções individuais, para melhor conhecer e controlar, aumentando dessa maneira o poder de persuasão e o domínio de seu controlador, fazendo dos alunos objetos de manipulação.

Nessas escolas deixa então de existir o progresso da razão, visto que a razão é a âncora que manterá as pessoas firmes no chão e passa a existir o progresso do poder.

Nem todas escolas auxiliam seus alunos a construção de um conhecimento relevante, onde os mesmos possam ser mais críticos. As escolas abusam de sua política, fazem de seus alunos sujeitos dóceis e leais a seus regulamentos, regulamentos estes criados e/ou influenciados por um poder político que não busca um pensamento racional (reflexivo e contextualizado) de seus discentes e sim um pensamento institucional.

Muitos políticos se utilizam do poder político para poderem disseminar o poder que possa fazer valer suas vontades sacrificando assim toda uma educação, convergindo as vontades políticas para uma política pedagógica nas escolas, pois é lá que se "educa" os alunos; educar no sentido não de desenvolver a criticidade e autonomia do aluno, mas no sentido de desenvolver a obediência, a debilidade, a humildade, a mediocridade, a docilidade e a lealdade para uma comunidade na qual este aluno esteja inserido.

Necessita-se utilizar deste ferramental que é a nunciopolítica para exigir que as escolas enriqueçam seus alunos com um conhecimento relevante para suas vidas, mesmo que este conhecimento venha a ser "corrosivo" para tal sociedade e não um conhecimento institucionalizado onde o aluno é condenado a um processo flagrante de domesticação subalterna.

A sociedade se encontra carente de pessoas pensantes e não alienadas, o que tem sido contrário aos projetos pedagógicos das escolas. Apesar de muitas vezes vir em forma emancipada, não passa de uma prática pedagógica toda voltada para uma alienação de seus alunos.

2.5 Buscando sua identidade

A identidade de um povo é o que faz com que este busque seu ideal, lute por suas idéias, desbrave horizontes, evolua ou permaneça na inércia da globalização, ou até mesmo fique em sua latência.

Todo povo tem que ter sua identidade, caso contrário, o mesmo será subjugado por outros, sendo presa de fácil manipulação atendendo ao poder imposto por seus tiranos.

A identidade está sempre sendo formada através de processos inconscientes. Ela não é inata, existente na consciência do indivíduo no momento exato de seu nascimento. A identidade do ser não se encontra completa, pois está sempre em processo de construção e reconstrução.

Para Costa (1997) nacionalismo é um sentimento de identidade em relação ao território onde nascemos e onde vivemos. Esse sentimento está seriamente abalado na sociedade atual, em que antigas e novas formas de identidade surgem e assumem uma dimensão impensada, enquanto conflitos de natureza mais diferente daqueles estudados pela sociologia adquirem importância capital.

Faz-se necessário valorizar a língua nativa. É de extrema relevância que as pessoas consigam falar no mínimo duas línguas, desde que, isso não implique em esquecer a sua identidade. Saber mais de uma língua, é importante para nosso crescimento profissional e pessoal, mas nem por isso necessitamos sacrificar a língua de seu povo.

Sabe-se que o português é uma língua oficial não apenas para o Brasil e para o próprio Portugal, mas também para: Angola, Cabo Verde, Moçambique, Guiné Bissau, São Tomé e Príncipe e também Timor Leste.

A língua portuguesa é uma língua oficial da União Européia, isso se dá devido a Portugal, mas essa língua não se encontra inserida nos idiomas oficiais reconhecidos pela Organização das Nações Unidas (ONU).

Em nosso país, o português é uma língua cada vez mais malfalada e mal-escrita, e isso se dá devido à falta de incentivo a leitura e interpretação, o que as escolas e principalmente os professores têm grandes parcelas de culpa.

As escolas brasileiras necessitam valorizar a cultura e os valores brasileiros para que seus alunos possam futuramente, alavancar o Brasil, fazendo com que esse nome não seja pronunciado e admirado apenas como país do futebol. Para que esse país seja parte do time de países desenvolvidos e que esses países desenvolvidos percebam e respeitem o potencial que tem o Brasil, potencial de toda a natureza, seja no esporte, seja na cultura, na educação e no seu povo.

Obviamente para se chegar à situação de admiração por estrangeiros, precisa-se mudar o foco de como ensinar o português, língua cada vez mais lastimável nas escolas, e para se saber a veracidade dessa informação, basta ir às escolas e pedir para que seus alunos escrevam uma redação. Assim poderá observar o quanto estamos atrasados em relação a evolução de um país, pois o que alavanca o crescimento de um país é a educação.

2.6 Brasil: este é um país que vai para frente?

Por volta da década de 70, ouvia-se sempre um *slogan* com o mesmo título que se refere este tema, isto é, "este é um país que vai para frente". O Brasil sempre teve potencial para se autogerir, visto que, nesse país se encontram riquezas que em muitos países não existem. Encontra-se também um povo acolhedor e na sua maioria, que gosta de trabalhar e é honesto. A única pendência que existe para que o Brasil seja realmente um país que vai para a frente, é uma educação de qualidade, fator esse para um bom desenvolvimento social, desenvolvendo-se idéias.

Para alguns países desenvolvidos, o Brasil é um país em desenvolvimento, ou seja, um país pobre. O pobre para esses países de primeiro mundo é muito mais não ser do que não ter. A ignorância é a maior de todas as mazelas, é o cerne da pobreza e da miséria.

Enquanto houver ignorância do povo, não se conseguirá construir oportunidades, oportunidades essas, imensuráveis, já que brasileiro é um povo privilegiado por morar em um país onde não ocorrem grandes catástrofes como terremotos, tsunamis, furacões, etc. O maior problema, é de ordem política, isto é, a corrupção, o que muitos denominam cleptocracia. Problema esse completamente solucionável a longo prazo, mediante a uma educação com qualidade, onde prime a criticidade e cidadania do ser, visto que, os alunos aprenderão a ser questionadores e saberão cobrar de maneira inteligente o direito conquistado por eles e pelo povo, já que um dos princípios fundamentais da democracia é o governo servir ao povo e não o povo servir ao governo.

Figura 4: Brasil, país que vai para frente.
Fonte: COUTO, José Carlos Nogueira e LOMBA, Tâmara Miranda.

Acredita-se hoje, mais que nunca no Brasil ser um país que vai para frente. É sabido que o país caminha com passos de formiga, mas acredita-se que chegará um tempo que esse pensamento não pertencerá só a minoria intelectualizada, mas uma grande maioria começará a questionar e fazer mudanças tanto na maneira de pensar como também na maneira de agir. Assim serão dados largos passos a caminho de uma evolução digna dando condições ao povo brasileiro de prover suas próprias carências.

3. Educação

3.1 Educação direcionada para seu ambiente

A educação é marcada por grandes desníveis. Ela deve ser trabalhada embasada no ambiente social na qual se encontra inserida, caso contrário, ficará cada vez mais diminuta a criação e inovação tanto dos professores quanto dos alunos. Dessa maneira, a escola deixará de formar um cidadão crítico e passará a formar um ser tutelado, reativo (se formos olhar com bons olhos tal tutelagem).

A sociedade contemporânea necessita de seres ativos. A educação não deve aprisionar e tampouco deixar dependente, ela deve libertar o cidadão. Educar é desenvolver no aluno um espírito criador, que consegue enxergar no ambiente social maneiras de intervir conscientemente a realidade, e não formar um ser manipulável e completamente alheio a realidade.

A educação tem a função de modificar o comportamento do indivíduo, fazendo dele um ser mais consciente de suas raízes, situando-lhe em um mundo real, ensinando-lhe o respeito por outras culturas.

Faz-se necessário humanizar o conhecimento, trabalhando assim com as diferenças em sala de aula, observando a realidade de cada aluno. Alunos não são seres homogeneizados e é de extrema relevância, trabalhar com diferenças para que esses alunos possam

Figura 5: A realidade de cada um.
Fonte: COUTO, José Carlos Nogueira e LOMBA, Tâmara Miranda.

desde cedo, viver em um mundo real e não imaginário, desenvolvendo o senso do respeito para com seus companheiros de classe e para com a vida.

Deve-se fazer uma proposta pedagógica baseada em informações obtidas em parceria com a comunidade escolar, sejam informações externas extraídas da comunidade em si, onde a escola se encontra inserida e também informações internas, informações fornecidas por professores, alunos, direção e demais funcionários da escola.

O projeto pedagógico é um documento elaborado a partir das necessidades de cada escola, e que deve ser levado em conta as limitações, expectativas e potencialidades de toda comunidade escolar e deve ser considerado também os recursos didáticos e pedagógicos que a escola possui[6].

Através do instrucionismo, o aluno é condenado a um processo flagrante de domesticação subalterna. Será cada vez mais difícil, encontrar vagas em uma organização para pessoas que não sabem pensar. Nos encontramos hoje na era do conhecimento, e um profissional que não teve uma boa formação, não conseguirá desenvolver em tempo hábil seu lado cognitivo para se adaptar às mudanças impostas pelo mercado de acirrada competitividade e dinamicidade. Segundo Nonaka (1997, p. 27) "numa economia onde a única

---

[6] Para maiores informações sobre projeto pedagógico, veja Capítulo 6 – Escola.

certeza é a incerteza, a única fonte garantida de vantagem competitiva duradoura é o conhecimento", e será um profissional preparado em uma escola que tem o seu foco nos combates e satisfação das necessidades, anseios, desejos e problemas de seus alunos, como também de todo o entorno da escola que terá maior chance de sucesso, pois este profissional será um profissional criativo, questionador, humanizado e com um forte poder de adaptação, pois sua escola o preparou para a educação da vida, instaurando nele uma relação dialógica, mostrando que a troca é mais produtiva que a imposição.

Conforme Imbernón (2000), precisamos nos tornar agentes de transformação e não de transmissão, evitando a tão citada frase de Paulo Freire *apud* Aranha (2000, p. 207) quando fala sobre dois tipos de pedagogia: "a pedagogia dos dominantes, na qual a educação existe como prática de dominação, e a pedagogia do oprimido – tarefa a ser realizada – na qual a educação surge como prática da liberdade". Não devemos usar a educação para dominar a massa, e sim para libertá-la para o novo, o belo e a cidadania. Precisamos deixar de ser conteudistas e fazermos nossos alunos tornarem-se cidadãos críticos e aprendentes, pois quando os mesmos se formarem para a procura de um bom emprego, estes cairão em uma organização que terá o mesmo princípio de uma educação aprendente, pois para muitos autores, uma organização nos dias de hoje, é considerada como um ser vivo, pois ela depende de muitas coisas para sobreviver, como mercado, comunidade de onde está inserida, funcionários e muitos outros quesitos.

3.2 Educação: Fases Distintas

Educação pode ser vista como um conjunto de processos intencionalmente aplicados por uma dada sociedade ou grupo para realizar nos indivíduos os ideais aprovados por essa sociedade e ela pode também designar os meios e métodos adotados para dar ao indivíduo certas aptidões, em geral de caráter intelectual. Ela se restringe

> [...] *ao aspecto intelectual, abrange também a formação de atitudes práticas de eficiência, o fortalecimento e desenvolvimento de disposições morais, o cultivo de apreciações estéticas (Pitombo 1974, 80).*

Por isso ela tem duas fases distintas, sendo uma o desenvolvimento físico e psíquico do indivíduo, com referência às atividades desse indivíduo consideradas entre si, e a outra, o processo que tem por fim ajustar as atividades desse indivíduo ao meio social, quer dizer, aos ideais e práticas consuetudinárias dos seus companheiros, por isso o docente precisa ter em si o lado psicológico, sociológico, além da assistência social realçado.

Ela deve se preocupar com o aspecto de cenário (ambiente, sociedade onde se encontra inserido). Esse cenário se encontra com certa indefinição, por isso é importante trabalharmos o consenso das idéias dos indivíduos resultando em um ambiente democrático que prevaleça a busca incessante de conhecimentos.

3.3 Educação: Trunfo Indispensável à Humanidade

A educação vem sendo motivo de inquietação das pessoas desde a antiga Grécia, pois os gregos tinham uma preocupação quanto à educação dos jovens, visto que esses seriam os futuros governantes. Ela deve ser a chave mestra para o desenvolvimento geral de um indivíduo, esse desenvolvimento o preparará para formular seus juízos de valor decidindo por si mesmo em uma ação em diferentes circunstâncias que a vida impõe. Nessa parte se justifica a filosofia.

A educação deve ser vista também como um trunfo indispensável à humanidade para a construção de ideais de paz, de liberdade e de justiça, transformando em um fator de suma importância à humanização e a socialização, o que é alertado por Pitombo (1974, p. 105) quando nos diz que ela deve "ser considerada como reconstrução contínua da experiência, não como uma preparação para a vida futura, mas a vida mesma, consistindo no próprio processo vital", processo esse que será bem utilizado pelas organizações que utilizam-se da gestão do conhecimento, pois leva o indivíduo a um contínuo reorganizar, transformar e reconstruir.

Portanto, a educação deve ir contra a não criação do pensamento. Ela não deve estar limitada a conteúdos e fazendo uso do ensino bancário, pois esse mesmo ensino degrada a autonomia do ser, depositando informações na maioria das vezes irrelevantes para o crescimento moral e intelectual do aluno. Ela deve partir das capacidades, dos interesses e dos hábitos do indivíduo.

3.4 Educação e Pedagogia

A educação moderna está embasada nas novas especificações, ou seja: ela deve prover uma educação universal, precisa imbuir os estudantes de motivação para um aprendizado permanente, conciliando teoria e prática; deve ser acessível a todos, seja para pessoas esclarecidas ou para as que ainda não tiveram acesso a uma educação; precisa comunicar conhecimento como uma substância; não deve ser monopólio das escolas, ela precisa permear por toda a sociedade. Nesse contexto é aplicada a pedagogia.

Em uma educação o professor não precisará ensinar conteúdos de forma comportamental, impondo de fora certas idéias e hábitos. Ele é o mediador entre o aluno e a busca do conhecimento. Será o membro mais experimentado pondo a prática de seus alunos ao serviço social.

O docente ao ensinar deverá analisar os três níveis que existem na aprendizagem, sendo o nível psicopedagógico, o nível sociopedagógico e o nível biopedagógico. No primeiro nível se baseia o comportamento aluno × professor, que tem a preocupação de fazer a mensagem chegar ao receptor aluno. Neste ciclo deve-se trabalhar o aluno em seu ambiente psicossocial, motivando-o, fazendo-o ser um bom receptor. Deve-se mostrar que a força interior do aluno é mais influente que a pressão sociológica.

No segundo nível, que é o sociopedagógico, devem-se analisar as pressões vividas pela sociedade, o excesso de informação e os aspectos das barreiras do ensino, e o último nível, o biopedagógico, a educação deverá preocupar-se com o lado da doença, da miséria e da completa abstinência.

O educador precisará ser o motivador, o incentivador, o animador, o instigador e o facilitador do aprendizado do aluno (tanto no aspecto cognitivo como nos aspectos afetivo-emocional e interpessoal) e não o detentor único e exclusivo da informação e conhecimento. Precisará também estar sempre se fazendo, num contínuo reorganizar, reconstruir e transformar, propiciando um relacionamento igual entre os envolvidos no processo de aprendizagem, fazendo de seu educando um ser crítico.

3.5 Educação: Desenvolvimento Total do Homem

Educar pode ter vários significados, e um deles pode ser salvaguardar e explorar o potencial de cada indivíduo.

O ato de educar deve ter como base algumas aprendizagens fundamentais que ao longo da vida, serão de algum modo para cada indivíduo, os pilares do conhecimento, fazendo assim, com que o mesmo busque cada vez mais sua emancipação e humanize-se continuamente em sua vida. Tais pilares devem se basear no aprender a conhecer, aprender a fazer, aprender a viver e aprender a ser. Esses pilares auxiliarão na conquista de uma cidadania transformando a sociedade sem que haja a alienação dos educandos e abrindo mão do *behaviorismo*.

A educação precisa estar voltada ao desenvolvimento total do homem, tanto em sua capacidade física, psicológica, moral e cognitiva, visando não apenas a formação de suas habilidades como também sua ética, sua moral e sua personalidade social, o que converge para uma melhor visão antropológica.

Todavia, para que essa educação pertinente ocorra, faz-se necessário que o educador tenha o hábito de leitura e esteja satisfeito com sua atividade, pois caso isso não ocorra, como o mesmo irá conseguir incentivar em seu educando a paixão pelo mundo da leitura, a busca incansável do saber e o interesse pela política?

3.6 Tendências da Educação

Luckesi (1994, pp. 38-50) cita três tendências da educação na sociedade, sendo elas: educação como redenção da sociedade, educação como reprodução da sociedade e por último, educação como transformação da sociedade. A primeira tem como uma linha as idéias de Comênio (1592-1670), sendo que para ele havia uma ordem e harmonia que foi quebrada e devido a desobediência, o ser humano pôs a perder o paraíso das delícias corporais. O autor sempre lamentava o presente. Ele não acreditava na geração atual e pregava que a redenção da sociedade ocorreria com investimento na nova sociedade e simplesmente abandonando as gerações atuais e passadas.

Com efeito, para transplantar árvores velhas e nelas difundir fecundidade, não basta a força da arte. Portanto, as mentes simples e não ainda ocupadas e estragadas por vãos preconceitos e costumes mundanos são as mais aptas para amar a Deus. Comênio p. 65 *apud* Luckesi (1994, p. 40).

A segunda tendência nos mostra realmente que a educação faz, integralmente, parte da sociedade e a reproduz, isto é, a educação está a seu serviço reproduzindo o modelo vigente. A educação é um modelo próprio dessa sociedade e tem como condicionantes econômicos, sociais e políticos as variáveis que vão diferir a educação de uma ou outra região, buscando a necessidade que irá direcionar para a busca de um conhecimento onde será aplicado a solução de problemas. Nesse contexto a educação é crítica e reproducionista.

Salientamos aqui que educação também é transformadora da sociedade. Essa segunda tendência é a mais adequada, uma vez que age sobre as pessoas e influencia nos costumes transformando seus comportamentos e influi a sociedade em si, visto que o conhecimento nele será aplicado à ação utilizando uma teoria crítica[7].

3.7 Educação e a Janela de JOHARI

O docente tem que ter em mãos, vários instrumentos para o auxiliar na educação de seus discentes. A Janela de JOHARI faz com que o docente analise melhor como o aluno se relaciona com seus companheiros. Ela é um instrumento que auxilia na conceituação do processo de percepção de um indivíduo em relação a si mesmo e aos outros.

Um docente que utiliza-se desse instrumental, conseguirá fornecer e receber melhor uma comunicação, comunicação essa de importância à realidade de seus discentes.

---

[7] Teoria da Crítica – não é a ocupação puramente intelectual, porém, o que constantemente se faz durante a vida consciente, ou o que se experimenta na vida prática. Pitombo (1974, p. 28).

Com a Janela de JOHARI (Joseph Luft e Harry Ingran – 1961) trabalha-se com quatro eu. O primeiro a ser analisado é o eu aberto, no qual é o eu conhecido tanto por nós mesmos quanto pelos outros. Nele estão inseridos nossas características, maneira de falar, de vestir, de agir, habilidades, etc. Ele é totalmente exposto.

O eu cego é o segundo a ser analisado através da Janela de JOHARI. Ele é percebido pelas pessoas e ignorado por nós. Através dele, a ansiedade é manifestada, e também as tensões, reações agressivas. As características que mais criticamos nos outros, são as que mais se destacam em nós.

Um terceiro eu, que muitos escondem dos outros é totalmente conhecido por nós, é o eu secreto. Esse terceiro, sempre causa conflitos de personalidade. Por último, temos o eu desconhecido. Ele é desconhecido tanto por nós quanto pelos outros. Algumas características desse eu, talvez jamais se torne manifestado.

Através do entendimento desse instrumental, o docente passa a observar não apenas o que o aluno disse de si, mas o seu comportamento. Esse instrumental nos fornece uma atmosfera de confiança, fazendo prevalecer em todo e qualquer relacionamento, uma reciprocidade benéfica, pois quando se trabalha o eu aberto, não se viola a integridade pessoal, proporcionando assim, um relacionamento mais profundo, gratificante e diferenciado.

3.8 Educação: Sinônimo de Liberdade

A escola é uma das maneiras de nortear o bem viver de um indivíduo. Ela é um agente determinante crítico que auxiliará desenvolvendo em cada pessoa toda a perfeição de que ele seja capaz, desenvolvendo também uma consciência crítica.

A educação deve trazer a liberdade, e para o aluno se sentir liberto, precisa quebrar o elo que o prende ao ressentimento, precisa respeitar a aula, os companheiros, os educadores, a escola e tudo que o cerca.

A educação deve ser vista como um fator indispensável à humanidade para a construção de ideais de paz, de liberdade e de justiça e eqüidade social, transformando em um direito de suma importância à humanização e a socialização.

O educador tem a função de levar o aluno para a descoberta e não ficar na educação de palavras de ordem e não criação do pensamento. Tem que fazer do aluno um ser questionador, e o próprio professor também tem que ser questionador, tem que se perguntar se o que está ensinando é realmente importante para o aluno, ou se está sendo mais um conteudista e fazendo uso do ensino bancário, pois esse mesmo ensino onde são depositadas informações na maioria das vezes irrelevantes para o crescimento moral e intelectual do aluno, deformando a criatividade tanto do aluno, quanto do professor.

Os professores precisam criar situações que levem os alunos a autonomia e não a heteronomia. Eles têm uma função em sala de aula, que é garantir a aprendizagem do aluno desde a educação básica até uma educação para a vida, onde o aluno deverá ter um aprendizado vitalício.

Aprender é um direito natural do homem, é quase no mesmo nível que um direito a vida, pois o aprendizado que deve dar conhecimento sobre as coisas, fazendo com que as pessoas se adaptem ao ambiente transformando-o, produzindo uma realidade e gerando assim um poder, fator esse que implica em um diferencial, fazendo com que essas pessoas sobrevivam em um ambiente dinâmico, buscando novas searas, visto que o homem sempre foi um criador que se comunica e convive em sociedade.

Através da educação, os indivíduos ficarão mais consciente de suas raízes, dispondo de referências que lhes permitirão situar-se no mundo e respeitar outras culturas.

Apesar do professor dizer que um bom aluno é aquele que participa das aulas, enriquecendo o que está sendo passado para a turma, questionando sempre e sendo emancipativo, a grande maioria dos professores tem como representações de bom aluno, ou seja, acredita que um bom aluno é aquele que é asseado, estudioso, atencioso e, principalmente, obediente, o que quase sempre significa ser submisso e que na maioria das vezes tem uma produção com uma certa mediocridade respeitável, pois esses professores acreditam que esses bons alunos, para se manterem bons, precisarão satisfazer padrões de mediocridade, sem grandes realizações e se manterem apenas em um conformismo, que inclusive esses professores professam e seguem tais padrões. Ora, com isso, pode-se estar criando um indivíduo automatizado, sem iniciativa que será sempre dominado e totalmente alienado.

3.9 Aprendendo para Ensinar

O ato de ensinar é uma atividade que tem por objetivo, transmitir conhecimento a um grupo de pessoas reunidas em um espaço físico, e para que isso ocorra, os professores também têm que estar preparados para aprender. A capacidade de aprender não apenas para se adaptar, mas sobretudo para transformar a realidade, para nela intervir, recriando a fala da nossa educabilidade a um nível distinto ao nível do adestramento.

Os professores precisam aprender a trabalhar com as diferenças em uma sala de aula, eles necessitam trabalhar com a realidade que se encontra em classe preparando seus alunos para aprenderem a conviver com as diferenças e crescerem com elas.

Muitos professores não conseguem trabalhar com a adversidade dos alunos, então o que a grande maioria faz é homogeneizar o que não se pode, fazendo com que seu alunos se sintam engessados, enquadrando todos em um padrão onde irá imperar a mediocridade imposta pela escola e por ele. Esse professor ignora que é através da heterogeneidade que estão focadas as melhores propostas políticas pedagógicas, pois são através dessas diferenças de classes, raças, etnias que os alunos aprendem a conviver mais cedo em um mundo real e não imaginário e alunos desenvolvem respeito com seu semelhante.

A escola não deve ser vista como um local de adestramento, onde o professor faz com que o aluno repita o que foi feito ou falado por ele. Ela precisa ser um local onde se construa o conhecimento.

Um professor quando ensina, ele cria possibilidade para o aluno produzir o seu próprio conhecimento e não fica apenas na transferência de conhecimento. Ele faz do aluno um ser pensante.

Muitos professores diante de sua insegurança, faz com que o aluno se acostume a decorar e não a contextualizar o que está sendo passado, isso é, uma contextualização onde prevaleça a criticidade para a busca da razão, do motivo que levou a tal descoberta. Tais professores não cultivam o pensar, pois para pensar é preciso saber pensar, intervindo, teoria e prática e vice-versa.

O conhecimento é questionado, é subjetivo e construído pelo próprio indivíduo e para ensinar, faz-se necessário repelir a reprodução e incentivar a criação.

Ensinar envolve também o aspecto de cenário, hoje ele se encontra com muita perplexidade, pois há algumas décadas, o futuro era acrescido de expectativas, nos dias atuais, o futuro é o nosso presente, acontece em tempo real e é necessário trabalhar este momento manejando as disciplinas importantes na arte de educar, trabalhando a multidisciplinaridade e também a transdisciplinaridade.

A educação só será possível se o sujeito for modificável, e para que ele se faça modificável – visto que a educação traz consigo uma mudança de comportamento e de ação – não deverá ter obstáculos de ordem biológica, psicológica ou social, uma vez que o ser humano é visto como uma totalidade ao mesmo tempo biológica, psicológica e social.

O educador precisa ser o motivador, o incentivador, animador, instigador e facilitador do aprendizado do aluno (tanto no aspecto cognitivo como nos aspectos afetivo-emocional e interpessoal) e não o detentor único e exclusivo da informação e conhecimento. Ser professor é estar sempre se fazendo, num permanente constituir-se, ele precisa propiciar um relacionamento de n para n, e não 1 para n, fazendo sempre do aluno um ser crítico.

3.10 Ignorância: a privação de oportunidades

A ignorância é o cerne da pobreza, visto que uma boa definição de pobreza não é estar privado de bens materiais, é estar privado de construir suas oportunidades. Uma das maneiras de se acabar com a miséria é através da educação, pois um ser educado consegue prover o próprio sustento.

Uma escola não deve oferecer uma cidadania tutelada e sim uma cidadania emancipativa. A cidadania tutelada faz de seus alunos massa de manobra, submissos e ignorantes e tampouco desejar uma cidadania assistida, porque aceita apenas a assistência necessária e tem como ideal viver sem assistência. A escola deve levar seus alunos a conquistar uma cidadania emancipada, aquela que faz saber o que querer, por que querer e como querer, que faz cidadãos críticos, ativos e humanizados. Acredita-se que através da cidadania emancipada, se conseguirá minimizar um pouco as diferenças sociais.

Educar pode ter vários significados, e um deles pode ser salvaguardar e explorar (fazer frutificar) o potencial de cada indivíduo. O ato de educar deve ter como base algumas aprendizagens fundamentais que ao longo da vida, serão de algum modo para cada indivíduo.

Através de uma boa educação, uma educação onde prevaleça a qualidade, nossos alunos terão desenvolvido a capacidade de se comunicar, de trabalhar com outras pessoas, de gerir e de resolver conflitos que aparecerão no dia a dia, de respeitar culturas diferentes e pessoas com pensamentos adversos.

A educação deve ser vista de maneira mais genérica, seja no desenvolvimento total do homem, tanto em sua capacidade física, psicológica, moral e cognitiva, visando não apenas a formação de suas habilidades como também sua ética, moral e sua personalidade social.

Obviamente para que essa boa educação ocorra, faz-se necessário que o educador tenha o hábito leitura, leitura de informação de cunho semântica, ou seja, com informações que o leve a criação de um novo conhecimento e/ou estruture ainda mais o que já possuía. É preciso também que esse educador esteja satisfeito com sua atividade, pois caso isso não ocorra, como o mesmo irá conseguir incentivar em seu educando a paixão pelo mundo da leitura, a busca incansável do saber e o interesse pela política?

Os professores necessitam se tornar agentes de transformação e não de transmissão de informação, evitando a pedagogia dos dominantes, na qual a educação existe como prática de dominação, e também a pedagogia do oprimido. O agente transformador faz da educação a prática para a liberdade, libertando o povo para o novo, para o belo e para a cidadania, o que infelizmente não tem ocorrido com os alunos, visto que é passado para eles apenas uma educação institucionalizada não incentivando a uma criticidade.

3.11 Educação e Poder

Para Andrada (1998) o fenômeno a que denominamos de poder, é estudado por um dos ramos científico chamado Ciência Política, e será através desta ciência que veremos como o poder poderá afetar e influenciar a vontade de um povo, pois segundo ele, a característica básica do poder político é a dominação, isto é, a capacidade de imposição, de controle, de direcionamento. A dominação ocorre entre seres humanos e por isso se valerá do elemento psicológico, embora o raciocínio possa ser influenciado pela emoção (Andrada 1998, p. 23)

O poder produz saber da mesma forma que produz riqueza, ele produz saber e o saber da sustentação para o poder. Nas escolas as políticas pedagógicas não estão voltadas para dar tal poder a seus alunos, elas utilizam de uma neblina midiológica, que segundo Andrada (1998, p. 88) esta neblina "se espalha sobre amplos campos sociais e passa a comunicar com certos tipos de dados, através de informações falsas, ou mesmo semifalsas, no tocante ao conteúdo transmitido".

Tais escolas trabalham mais com essas neblinas, o que gera um pensamento de maneira mais crítica, ao se analisar que poder é fazer com que os outros façam o que você quer. Não existe um progresso da razão, há na verdade um progresso do poder. A razão é uma âncora que nos mantêm firmes no chão.

Esse poder, visa ao enquadramento do ser, visto que ele é sempre modelado desde sua infância até o final de sua existência. Tal poder engessa as instituições, que por sua vez, engessam seus alunos e toda sua comunidade, tornando-os indivíduos alienáveis.

O poder sempre foi a causa de tudo, seja dos sucessos, fracassos e esperanças. É através do poder que o homem e a sociedade evoluem, e cabe ao professor não condenar seu aluno a um processo flagrante de domesticação subalterna.

O professor deve fazer seus alunos tornarem-se cidadãos críticos, cidadãos esses que conseguirão conciliar um saber intelectual sem carência no sentir com um saber popular sem carências nas propriedades científicas.

Para Aranha (1996, p. 50), a educação é um "fator importantíssimo para a humanização e a socialização", e será através das diferenças que se conseguirá socializar e humanizar o educando.

Professores têm que conciliar o conteúdo a ser ministrado por ele, com o saber que seu corpo docente tem, e assim, adequar para que seus alunos possam compreender e assimilar o que se é ensinado. Esse educador não deve ser um incentivador do ensino bancário, que segundo Freire (1996, p. 27) tal ensino "deforma a necessária criatividade do educando e do educador".

De acordo com Demo (2000), o professor tem a função de garantir o aprendizado do aluno, e caberá a ele, a junção do saber intelectual com o saber popular para que tal aluno consiga aprender o conteúdo ministrado por ele, visto que será através de uma educação que o indivíduo terá mais consciência de suas raízes.

3.12 Poder Transformando a Educação

Segundo Freire (1996, p. 32), "ensinar não é transferir conhecimento, mas criar as possibilidades para a sua própria produção ou a sua construção" e é nisso que os professores têm errado. Eles não conseguem pensar em uma maneira de ensinar o que se deve, aproveitando o conhecimento que seus alunos têm, visto que para isso, faz-se necessário saber pensar, intervindo na realidade de cada aluno.

Cabe aqui, ressaltar que segundo Demo (2000, p. 17) "saber pensar não é só pensar. É também, e sobretudo, saber intervir. Teoria e prática, e vice-versa". O conhecimento é questionado, é subjetivo e construído pelo próprio indivíduo, através de seu conhecimento popular.

Cabe ao professor trabalhar uma neodiretividade emancipadora em seus alunos, inserindo-os em uma educação onde os mesmos fujam a uma cidadania tutelada e assistida, tão alertada por Demo (2000), onde a primeira faz dos alunos pessoas submissas e ignorantes e a segunda, faz com que os alunos aceitem apenas a assistência necessária e tem como ideal viver sem assistência.

Através de uma educação aprendente, o aluno conquistará uma cidadania emancipada, aquela que o fará saber o que querer, por que querer e como querer, o fará crítico, ativo e humanizado.

Ao se seguir os princípios de uma educação aprendente, os professores farão com que seus alunos conquistem uma cidadania, fazendo com que os mesmos transformem a sociedade onde estão inseridos, em uma sociedade excluída da alienação, indo contra a um poder intelectual elitizante.

Para Garcia (1979), encontramo-nos em um sistema onde o poder impera, proibindo e invalidando um saber que não seja institucionalizado. Esse poder institucionalizado, ignora as experiências dos alunos em suas instituições, ignorando suas maneiras de ler a realidade, legitimando assim, o saber dominante que gera o poder e vice-versa.

4. Obstáculos para a Educação

4.1 Amarga Realidade

Desde a segunda metade do século XIX, países mais desenvolvidos investiam em escolas públicas, pois sabiam desde essa época que a educação é o fator mais preponderante para a continuidade de seu desenvolvimento. Neste século então, caracterizou-se o Estado como órgão responsável pela educação do povo.

Deste século até hoje, a educação não tem desenvolvido muito, isso se dá a vários problemas, seja devido a grandes mudanças políticas, pois estão sempre criando novas regras, ou a grandes problemas de exclusão e também infra-estrutura.

A educação escolar tem sido usada como símbolo de classe a muito tempo. A boa escola é totalmente elitizada. A escola pública pouco ou nada contribui para modificar ou capacitar a população, que a ela tem acesso, para qualquer ação eficaz no contexto social. Aliás, não tem ela uma função social definida, em termos de utilidade prática.

A educação passa a desempenhar um papel totalmente contrário ao que se é esperado. Ela desempenha na sociedade um papel totalmente conservador e alienante, na ordem social e econômica heterogênea, que é a brasileira e que passa a ser um problema de ordem política.

Por sorte, tivemos e temos alguns movimentos renovadores, e ótimos educadores utilizam destas ideologias para poder oferecer uma boa educação a seus alunos, seja como uma escola crítica, seja como escola nova, seja como escola aprendente ou como qualquer outro nome recebido a uma entidade educadora que leve seus alunos a serem críticos e criativos.

A maioria das escolas não auxiliam seus alunos a construção de um conhecimento relevante, onde os mesmos possam ser mais críticos. As escolas abusam de sua política, fazem de seus alunos sujeitos dóceis e leais a seus regulamentos, regulamentos estes criados e/ou influenciados por um poder político que não busca um pensamento racional (reflexivo e contextualizado) de seus discentes e sim um pensamento institucional, um saber institucionalizado.

Tais escolas se utilizam de suas políticas pedagógicas não voltadas para dar criticidade a seus alunos, desenvolver sua cidadania, elas se utilizam de uma neblina midiológica, que segundo Andrada (1998) são informações falsas ou semifalsas, tudo isso para fazer dos alunos, seres totalmente alienados e manipuláveis.

Ao observar em algumas escolas, alguns conteúdos são passados aos alunos da mesma maneira que foi passado aos pais desses alunos, isso é, não houve uma mudança que eliminasse tal informação, ou agregasse mais informações úteis para a construção do conhecimento, isso tudo sem citar a didática que está sendo aplicada e os recursos pedagógicos utilizados.

Esse método obsoleto de se passar a informação, ou até mesmo da informação obsoleta, sem incentivar o aluno a descoberta do novo, a inquietação que o conhecimento causa no seu detentor é uma façanha para que seu alunos se comportem como *containers*, ou seja, depósitos de informações irrelevantes para o seu crescimento pessoal, moral e profissional, não transformando tais alunos em seres críticos de modos que possam se sentir em situações de conflito, para que assim, possam agir em prol a uma sociedade melhor.

O educador tem que direcionar o aluno para o novo, para a descoberta, para a criação e construção do conhecimento, e não situar-se numa educação de mais-valia onde prevalece uma educação de palavras de ordem fazendo apenas uma reprodução. É levar o aluno a um saber pensar questionador onde se trabalha teoria e prática e vice-versa, para que seus alunos interfiram no ambiente onde estejam situados.

Ser professor é estar sempre se fazendo, num permanente constituir-se, ele precisa propiciar um relacionamento de muitos para muitos, e não um para muitos, fazendo sempre do aluno um ser crítico, trabalhando uma neodiretividade emancipadora.

Professores Narcisistas

Alguns professores ao aplicarem provas a seus alunos, exigem que a mesma seja igual ao que se foi falado pelo professor, ou igual ao que está escrito na apostila. Tais professores, não deixam seus alunos demonstrarem com suas próprias palavras o que conseguiram ou não contextualizar. Forçam seus alunos a uma memorização (chamado por muitos de decoreba) do que foi passado, sendo que quando se decora não quer dizer que se aprendeu. A escola não deve ser vista como um local de adestramento, onde o professor faz com que o aluno repita o que foi feito ou falado por ele. Ela precisa ser um local onde se constrói o conhecimento.

Infelizmente muitos professores gostam de ler nas avaliações que fazem, justamente o que está na apostila ou livro, não quer saber o que o aluno entendeu, e sim o que ele decorou, ou seja, ele está adestrando seu aluno para que o mesmo responda o que ele quer ler sob o seu comando. Adestramento se faz com animais, com seres humanos nós precisamos educar com amor.

Alguns professores diante de uma arrogância, se mantêm em um pedestal e fazem com que alguns alunos se sintam impedidos de perguntar, isso se dá a uma insegurança da parte do profissional, pois o mesmo tem medo de que alguns alunos façam pergunta que não saiba responder, pois este professor foi preparado de maneira que se sinta sempre o ser mais inteligente do mundo, capaz de responder a todos e a tudo. Quanta ignorância deste ser, mal sabe ele que temos muito a aprender com nossos alunos, seja no conhecimento acadêmico ou seja no conhecimento em relação à vida.

Figura 6: Professor narcisista.
Fonte: COUTO, José Carlos Nogueira e LOMBA, Tâmara Miranda.

Bola de Neve

Outro fato, é de que alguns alunos ao passarem para série seguinte, não sabem matérias que são encaradas como pré-requisitos, isto é, alunos vão para o primeiro ano do Ensino Médio e mal sabem multiplicação. Os erros cometidos por tais alunos são erros primários, eles ficam tão dependentes de calculadora, que não conseguem desenvolver esse lado cognitivo. Muitos professores acreditam que para usar calculadoras, faz-se necessário que tais alunos, saibam antes de mais nada, fazer os cálculos por si só. Se a educação se mantiver dessa maneira, se constatará que cada vez mais o país será elitista em sua cultura intelectual.

Em se tratando das universidades públicas, quais são as pessoas que passam em tais universidades? Pode-se observar que serão pessoas que podem pagar por uma faculdade particular, que são pessoas que foram bem preparadas em boas escolas. Quantas pessoas desfavorecidas financeiramente conseguem fazer um curso de Medicina, Engenharia, Odontologia, e outros tão concorridos em uma Universidade Pública?

Infelizmente o papel aqui não é de dar solução, e sim fazer com que as pessoas pensem de maneira mais crítica, que esse trabalho, cause uma certa inquietação nos profissionais da educação, para que assim, se desenvolvam em seus alunos mudanças de comportamentos, para que esses alunos possam realmente ser esperança de um país onde se prima a honestidade e o desenvolvimento social.

Comerciantes do Saber

Há casos mais execráveis. Um exemplo é de um profissional de uma empresa terceirizada, que para conseguir vaga em uma empresa de renome, fez um acordo com um diretor de escola técnica privada. Esse profissional de empresa terceirizada, para conseguir um diploma de curso técnico e assim passar para a empresa tão almejada por ele, deu ao tal diretor da escola, um software pirata, para que a escola pudesse utilizar em seus conteúdos práticos. Ambos fizeram duas coisas supererradas. O que é levantado aqui, é a questão ética. Onde a ética entra para esse diretor e dono dessa escola? Nessa escola qual deve ser o seu projeto pedagógico? Com certeza deve ser um bem interessante, levando seus alunos a terem uma boa qualidade com sua mão-de-obra, sendo um diferencial para as empresas.

Com certeza esse projeto pedagógico é um dos mais interessantes da região. O lamentável que fique apenas no papel. Essa escola não vale o imposto que deveria pagar, visto que, desvaloriza todos os seus conceitos, e indiretamente põe em xeque o diploma de muitos alunos que nela estudam. Será que essa pessoa que forneceu tal diploma não percebeu que muitos sabem do que foi feito? Como deve ficar a consciência das pessoas que são honestas e estudam com seriedade em uma escola que não se prega a honestidade? Essa é uma dúvida que não saberemos resolver. Acredita-se que apesar desta escola ter um bom projeto pedagógico e um diretor-dono, exemplo de uma escória de ser humano, lá deve ter bons professores e bons alunos.

Figura 7: Comércio Persa.
Fonte: COUTO, José Carlos Nogueira e LOMBA, Tâmara Miranda.

Professor × Terceirização

O interessante é quando o professor resolve ser aluno, e mal aluno. Existe caso de pessoa bem referenciada no meio acadêmico, muito influente nas escolas da região e muito poderosa, visto que tem grandes conhecidos políticos que, com total certeza, compartilham de seu péssimo exemplo. Essa pessoa faz uso de grandes evocações, iludibriando demais professores, mostrando que por ter um título de mestre se sente melhor profissionalmente que outros sem títulos. O que não é percebido por muitos, é que esse exemplo de profissional, durante o mestrado, adquiriu nenhum ou quase nenhum conhecimento. Isso se deu, devido ao fato do mesmo ter pago para realizar a maioria de seus trabalhos para obtenção de nota nas disciplinas. A pergunta é a seguinte: "Como um profissional desse

Figura 8: Terceirização.
Fonte: COUTO, José Carlos Nogueira e LOMBA, Tâmara Miranda.

pode querer transformar um aluno cidadão, honesto, sendo que ele mesmo não vivenciou o que impõe para seu aluno? As palavras honestidade, cidadania, ética e muitas outras que deveriam fazer parte de seu currículo profissional não têm nenhum significado para ele.

Professor Sabe Tudo !!!

Recentemente, uma professora de língua estrangeira, em sua "inocência", comentava com seus amigos nem todos de trabalho, que quando seus alunos de quinta série perguntavam como se falava certa palavra em inglês, palavra essa desconhecida pela professora, a mesma inventava no mesmo instante a palavra e todos acreditavam. Infelizmente essa profissional trabalha até hoje, e cabe aqui uma pergunta: Será que ela não irá crescer como profissional e quando um aluno lhe perguntar algo, ela não terá a humildade para dizer que não sabe, mas que se esforçará para aprender e repassar para tal aluno? Infelizmente a educação está cheio de profissionais assim. Profissionais esses que controlam seus alunos através de notas, dando sempre questões que nem mesmo ele consegue ver aplicação em sua vida profissional.

Finjo que Ensino e eles fingem que aprendem

Na educação, tem-se de tudo, professores, educadores, professor que não é nem professor e tampouco educador. Esse é um profissional em uma área qualquer, que leciona por simpatia, por *hobby*, por falta de oportunidade em sua profissão ou por outro motivo qualquer, menos porque estudou para tal e tampouco porque ama educar. Existe uma escola privada que é uma boa referência na região onde se encontra situada. Essa escola tem uma parceria com uma rede de ensino. Sempre se trabalhava nessa escola, projetos de informática, fazendo-se uma mesclagem de conteúdos, ou seja, uma vez seria um projeto de biologia, outro de matemática, e assim sucessivamente. Alguns professores dessa escola, aplicavam a multidisciplinaridade e faziam com que os alunos aplicassem o que aprendiam em sala de aula, no laboratório de informática. O interessante é que tal rede de ensino dava prêmios a turmas que conseguissem fazer tais trabalhos. Algo curioso acontecia sempre, visto que sempre a turma de um certo professor era premiada, e esse professor era sempre elogiado pela direção da escola. O problema é que esse professor, para ganhar a tal "competição", visto que para ele, tal momento não era de aprendizado e sim de competição, realizava todo o trabalho da turma, ou seja, sua turma não criava e tampouco inovava. Claro que os profissionais envolvidos no laboratório de informática sabiam, mas deixavam como estava, afinal de contas, a direção se orgulhava de ter esse ótimo profissional em seu corpo docente, iludindo a direção e os profissionais de apoio, que a turma era uma turma criativa, visto que, várias vezes ele dispensava a turma para poder entregar o projeto de estudo em tempo hábil, coisas que alguns professores sempre atrasavam, mas nesse caso, eram os alunos que desenvolviam com o apoio do professor.

Abuso de poder através do Assédio

Como existem maus professores, existem péssimos diretores. Diretores esses que utilizam o poder oferecido a eles, para impor suas vontades, suas tiranias, seja para o corpo docente e/ou discente. Diretores esses que utilizam desde o assédio sexual até ameaças de demissões.

Em alguns casos, pode-se presenciar o favorecimento de professores não tão habilitados permanecerem nas escolas públicas, ou por haver certa cumplicidade de corrupção com seus diretores, por troca de favores (inclusive sexuais), ou por serem amigos, mas amigos esses não habilitados a lecionar ocupando lugar de pessoas capacitadas, levando a educação pública, ao descrédito, visto que tais profissionais não têm capacidade sequer de estar em uma sala de aula.

Esses diretores apesar de fazerem excelentes projetos pedagógicos, vivem às margens do que pregam. Estes profissionais desconhecem que o compromisso com a escola não está na conversa e sim na ação. Pregam uma coisa e fazem outra. Pregam honestidade e são desonestos, lealdade e são desleais. Ignoram que seus alunos vêm com uma bagagem de conhecimento, não conhecimento acadêmico, mas um conhecimento na maioria das vezes maiores que os de seus professores, pois eles têm um conhecimento da vida lá fora, conhecimento vivenciado, chamado por Garcia (1979)[8] de conhecimento popular, visto que nesse conhecimento, o cidadão tem uma maneira particular de ver a realidade e uma maneira específica de aprendizado.

Aquém de meus Dotes Intelectuais

Existem outros casos voltados mais para o ego do professor, mas caso que não deixa de prejudicar de maneira indireta o aprendizado dos alunos.

Existem professores que se orgulham de seus currículos, sempre focando suas qualidades profissionais. Certa vez, uma diretora que com muita vontade de trabalhar, em uma reunião com sua equipe de orientadores e professores, dividiu algumas tarefas para que sua equipe de profissionais da educação pudessem desenvolver. Todo o corpo discente sairia ganhando com tais atividades. Atividades essas tanto esportivas, educativas e culturais (como festas juninas).

Um certo professor ao receber sua parte da tarefa bradou em bom tom que em seu currículo não contemplava tais atividades, ignorando de vez, todo o senso de equipe em busca de um bem comum.

---

[8] Publicado originalmente em cadernos do CEDI/2. Centro Ecumênico de Documentação e Informação. Rio de Janeiro., Tempo e Presença Editora, 1979. Sob a coordenação da equipe nova. Educação popular: algumas reflexões em torno da questão do saber. Pedro Benjamim Garcia.

Felizmente a diretora de bom-tom, resolveu encaminhar tal tarefa a um outro professor que a desenvolveria com toda a atenção e carinho, já que tal diretora sabe muito bem que para fazermos algo com qualidade, necessitamos fazer com vontade, com amor, com dedicação e não fazer por fazer; o que acabaria acontecendo com esse bom profissional.

Figura 9: Professor bom demais.
Fonte: COUTO, José Carlos Nogueira e LOMBA, Tâmara Miranda.

Esses professores se sujeitam a tal, que quando ocorre reuniões com pais, eles colocam suas camisas de universidades federais, para mostrar à sociedade de que são seres dominantes e sabedores.

Lesando o Sistema

Esse caso é um dos mais graves, pois ele lesa tanto a sociedade, quanto os alunos, e a dignidade do bom profissional. Alguns professores da rede pública, conseguem aulas, muitas aulas. Trabalham um mês e depois inventam que estão doentes para conseguir uma licença remunerada.

Será citado o exemplo de um professor, que ao conseguir algumas aulas no Estado, vai a um médico todo desarrumado, com fisionomia de cansado, deprimido e chega a representar tão bem as crises de choro, que faz com que muitos atores sintam inveja de tal interpretação.

Infelizmente esse problema é o que mais lesa e desestrutura a educação no Brasil, visto que para se conseguir um professor substituto, faz-se necessário que se cumpra algumas burocracias, o que demanda tempo, ou melhor, perda de tempo para os alunos.

Esses profissionais estão sempre na ativa, ou melhor, sempre representando essa peça onde os telespectadores são os alunos que por não terem um senso crítico da situação, na maioria das vezes, acham até bom não ter aula e assim poderem sair mais cedo para a casa.

Figura 10: Professora Dodói.
Fonte: COUTO, José Carlos Nogueira e LOMBA, Tâmara Miranda.

Inércia Profissional

Outros casos tão corriqueiros quanto os anteriores, acontecem em escolas públicas, onde muitos professores sonham em fazer concursos para terem seu emprego garantido. Muitos profissionais da educação não cansam de falar que necessitam passar em um concurso de magistério para não se preocuparem mais com concursos e aposentadorias, visto que seu emprego estará garantido, e nada poderá acontecer de ruim a eles (como demissão). É degradável tal situação, e infelizmente eles têm razão. Por mais que os diretores, orientadores, pedagogos e todos os profissionais envolvidos nas escolas quisessem fazer alguma atividade que incentivasse seus alunos a pensarem, trabalharem, essa equipe encontrava grande relutância justamente no corpo efetivo, ou seja, os concursados. Isso se dá ao fato deles já terem sido efetivados e não necessitarem mais de se preocupar com aposentadoria, derrubando assim o nível de qualidade do ensino e paralelamente, o crescimento de sua região e país.

O maior problema não são os concursos, mas o caráter dos profissionais que fazem o concurso e que neles passam. O ato de efetivar seja no Estado ou no Município, para os maus profissionais, significa comodidade, inércia ou até mesmo latência como a busca do saber.

Figura 11: Professor acomodado.
Fonte: COUTO, José Carlos Nogueira e LOMBA, Tâmara Miranda.

Problema Político?

Observa-se que alguns governantes (sejam municipais, estaduais e até mesmo federal) têm feito grandes esforços para mudar essa situação. Faz-se necessário que se faça a mudança, mas é de suma importância que os educadores façam suas partes também, criando um ambiente onde os alunos possam aprender com dignidade e onde tais professores possam ser bons exemplos de cidadãos e que tais alunos possam sempre se espelhar em suas atitudes.

Infelizmente, a grande maioria dos professores contribui para a má qualidade da educação em nosso país. Nas escolas públicas, alguns alunos são empurrados para as séries seguintes. Professores citam inúmeras experiências desgastantes, tanto para eles quanto para seus alunos, que mal conseguem ler, e não sabem sequer escrever. Alguns deles, chegam a desenhar o que via no quadro, atrasando assim, todo o andamento das aulas devido à suas dificuldades. Infelizmente, com essa educação, o governo está dando diploma para na sua maioria, analfabetos. Pessoas pensam que ter diplomas é o bastante, muitas escolas sejam públicas ou particulares se corrompem, vendendo diplomas como se fossem bananas. E quando essas pessoas são testadas, pode-se observar que realmente elas nada sabem. Claro que muitos casos se referem a uma incompetência de gestão política para mascarar uma realidade que muito faz doer, que é a evasão escolar e o grande índice de analfabetismo que assola nossa região.

Então o governo criou projetos com a caminho da cidadania, acertando o passo que foi para muitos professores desqualificados, interpretado de maneira errônea, empurrando assim os alunos para séries mais avançadas sem o devido preparo, e principalmente com a idéia de não reprovação, muitos professores para não terem o trabalho de preparar os alunos e tais alunos por saberem que não seriam reprovados, pouco se esforçavam para aprender o conteúdo.

Figura 12: Brincando com a Educação.
Fonte: COUTO, José Carlos Nogueira e LOMBA, Tâmara Miranda.

5. Educador

5.1 Profissionais da Educação

Assim como existem maus professores, por sorte, existem excelentes educadores. E são esses educadores que devemos seguir como exemplo. Esses profissionais chegam a se abdicar de coisas pessoais pelo simples fato de quererem fazer parte da mudança, mudança esta que já está ocorrendo na educação, mudança para uma pedagogia onde se aplica um pensar crítico e reflexivo.

Aqui não se faz necessário citar exemplos como foi citado no item anterior alguns casos, visto que os exemplos são inúmeros, e que esses profissionais, são verdadeiras referências para seus alunos. Basta-se pegar um profissional bem sucedido e pedir um exemplo de bom professor. Perceberá que o mesmo, citará aquele professor a quem se espelhou, esse educador que se dedicou e continua dedicando seu profissionalismo a seus alunos, a educação de qualidade e a uma sociedade digna e justa.

Faz-se necessário ater-se a tais profissionais, valorizando-os para com a sociedade e tendo-os como boas referências, sabido que para um bom profissional se manter bom, não precisa desvalorizar o trabalho alheio, ou seja, não precisa valorizar seu trabalho desvalorizando o trabalho do seu companheiro de jornada. Quando isso ocorrer, fuja deste profissional, ou melhor, fique longe deste ser medíocre que não deve ser chamado sequer de profissional.

Um bom educador, trabalhará sempre com amor, dedicação, valorizando sempre seus alunos e o que eles têm a oferecer em termos de experiências para a turma. Este educador mostrará para não apenas o Brasil, mas para todo o mundo de que o Brasil é um país sério e que a frase dita "o Brasil não é um país sério", pelo ex-presidente da França já falecido Charles De Gaulle está obsoleta, pois nosso país é um país que está sempre caminhando para frente, talvez devagar, mas sempre.

A realidade da educação, principalmente a pública se complica cada dia mais. Cabe aos professores, serem exemplos vivos de caráter, ética, cidadania a seus alunos.

5.2 Professor, profissional responsável pela mudança de comportamento

A classe dos professores é uma das mais desvalorizadas em nosso país e os problemas abordados nesse livro, podem ser uma conseqüência de tal desvalorização.

Essa desvalorização acarreta uma série de problemas, como o próprio incentivo à busca do aperfeiçoamento profissional, pois professores se encontram desmotivados a irem ao encontro de um aprendizado contínuo, o que não justifica que o mesmo não possa ler um livro emprestado pelo amigo ou mesmo um livro pego em uma biblioteca pública ou privada. Esse problema é observado por muitos pesquisadores, entre eles, Aranha (1996, Bárbara Freitag, p. 22) levanta a seguinte dúvida: "Como um professor que mal prepara as aulas, que não lê um livro por ano, que vive insatisfeito com o seu trabalho e seu salário pode fazer desabrochar na criança o amor pela leitura, a paixão do saber, a ética do trabalho e o interesse pela política?"

Algumas entidades costumam valorizar tais profissionais oferecendo seminários, congressos, cursos, palestras ou outras atividades onde se faça prevalecer a troca de informação e conhecimento (às vezes gratuitos) porém, os profissionais que costumam ir, são em sua grande maioria, desinteressados e que sempre encontram uma maneira de emperrar a educação.

Pouquíssimos se preocupam em reciclar, em querer mudar o ambiente onde trabalha e quando se encontra um que deseja fazer a mudança, encontram-se vários que são contra a mudança.

A classe do docente é tão problemática que aumenta de maneira negativa a estatística de profissionais estressados, esse estresse é causado por vários motivos, sendo alguns:

- desmotivação em dar aulas;
- desinteresse;
- excessivas cobranças de pais, alunos e profissionais da educação;
- trabalhos para corrigir;
- provas a preparar, aplicar e corrigir em final de período;
- diários para completar e fechar;
- insatisfação do salário;
- falta de respeito pela profissão, tanto por parte do profissional quanto por parte de outros;
- mal-estar interno ou insatisfação, etc.

A esse estresse ocupacional denominamos de Síndrome de Burnout, que não é mais que um estresse profissional, caracterizado pela exaustão, avaliação negativa de si mesmo, causando depressão e insensibilidade com relação a quase tudo e todos. Esse estresse é ainda maior quando se tem uma insatisfação em se trabalhar, o que tem ocorrido em maiores casos com profissionais da educação.

Para evitar esse mal, faz-se necessário que se trabalhe com amor e dignidade, fazendo do ambiente de trabalho, um lugar de harmonia, amizade e companheirismo.

Faz-se necessário, que profissionais repilam companheiros que contaminam o ambiente com reclamações, e jamais pensaram em mudar o sistema começando a mudança por si mesmo, sendo bom exemplo para que os demais professores e outros profissionais da educação, possam vê-lo como exemplo de profissional e a segui-lo, fazendo com que o ambiente em sua volta, mude de maneira gradativa.

A educação deve ser uma educação crítica tanto para o aluno quanto para o professor, pois, como ele poderá pleitear transformar seu aluno em cidadão crítico se o próprio profissional da educação acata os erros sem sequer questionar ou tentar modificar?

Aranha (1996, p. 152) destaca três aspectos importantes na formação do professor:

- qualificação – o professor deve adquirir os conhecimentos científicos indispensáveis para o ensino de um conteúdo específico;
- formação pedagógica – a atividade de ensinar deve superar os níveis de senso comum, tornando-se uma atividade sistematizada;
- formação ética e política – o professor deve educar a partir de valores e tendo em vista um mundo melhor;

É fato que ao se trabalhar com uma educação crítica, fugindo a alienação, induziremos em nossos alunos o saber pensar, indo ao encontro com as palavras de Freire (1996) quando nos informa que ensinar está além de transferir conhecimento, é antes de tudo, dar condições para que o próprio aluno construa ou produza o seu próprio conhecimento e esse conhecimento segundo Piletti (2003) deve causar uma mudança de comportamento, caso contrário não teremos aprendido nada.

Essa mudança pode não aparecer para essa geração de professores, mas ao certo, aparecerá para a nova geração, visto que serão professores menos alienados e mais capazes e conscientes, onde os mesmos não repetirão conhecimentos ultrapassados a seus alunos e sim informações relevantes que cultivarão ainda mais um saber pensar, um pensar crítico, que ao poucos irá desemperrar essa máquina chamada Brasil.

Para Demo (2000, p. 90), a função do professor "não é dar aula, mas garantir a aprendizagem do aluno, formulando, ao mesmo tempo, a necessidade de aprendizagem escolar aqui e agora, e sobretudo a aprendizagem para a vida, permanentemente", buscando assim cada vez mais uma cidadania ativa e contribuindo cada vez mais para a igualdade social, orgulhando-se de ser a engrenagem principal para o desenvolvimento do ser humano.

5.3 Perfil dos Professores: O ser professor *x* O estar professor

O educador não deverá ser aquele professor de antigamente, que prevalecia sempre sua autoridade ditadora em sala de aula. Ele deve ser um líder, onde através de sua eficácia obterá o comprometimento de seus alunos, dando exemplo de excelência, sendo ético, potencializador e inspirador, pois ele precisará criar ambientes de trabalho para compartilhar e transferir conhecimentos entre seus alunos; alavancando o conhecimento e a curiosidade de todos, já que ele influenciará seus alunos a trabalharem entusiasticamente visando atingir aos objetivos identificados como sendo para o bem-comum além de levar a seus alunos a construção para um conhecimento crítico.

Ele precisa ser o motivador, o incentivador, animador, instigador e facilitador do aprendizado do seu aluno (tanto no aspecto cognitivo como nos aspectos afetivo-emocional e interpesoal) e não o detentor único e exclusivo da informação e conhecimento. Ser educador é estar sempre se fazendo, num permanente constituir-se, ele precisa propiciar um relacionamento muitos para muitos.

COMUNICAR
1 ➔ muitos
RELACIONAR
1 ➔← muitos

PROPICIAR
RELACIONAMENTO
muitos ➔← muitos

Figura 13: Relacionamento.

Os educadores agora precisam começar a pensar como agentes de mudanças, pois o problema não é somente como adquirir novos conceitos e habilidades, mas também o desaprender o que não é mais útil para a escola e a sociedade. Desaprender é um processo totalmente diferente, envolvendo ansiedade, atitude defensiva e resistência à mudança.

Educadores são aqueles que em suas maneiras quase inimitáveis, inspiram confiança, acabam com o desespero, lutam contra o medo, iniciam ações positivas e produtivas, acendem as velas, definem as metas e pintam brilhantes amanhãs e instigam cada vez mais seus alunos a buscarem o novo e o desconhecido.

É necessário acreditar que as palavras dos educadores são confiáveis, que são empolgados e entusiasmados com a direção a que conduzem, e que possuem conhecimento e habilidade para conduzir. Se você não acredita no mensageiro, não acreditará na mensagem. O professor do passado sabia como dizer, o educador sabe como perguntar. O bom educador perguntará, aprenderá, acompanhará e crescerá de forma consistente e efetiva.

Educador – Caráter

- Imbuídos de humor e humildade, e por natureza inclinados a tratar com igualdade as pessoas.
- Conscientes e honestos consigo mesmos, assim como em relação às suas próprias potencialidades, fraquezas e esforços sinceros para melhorar.
- Bastante curioso e acessível.
- Compreensivos e capazes de respeitar seus alunos e aprender com eles.
- Pró-ativos.

Educador – Comportamentos

- Racionalizarão a inércia.
- Desafiarão o *status quo*, recusando a aceitar a resposta "nunca fiz isso", e criará ou moldará a mudança em vez de aceitá-la de forma passiva.

Competências do Educador

Existem algumas competências críticas de um educador que são elas:

- Capacidade de iniciativa.
- Entusiasmo em criar e inovar coisas.
- Motivação.
- Construtor de novas atividades.
- Capacidade em transpor obstáculos.
- Bom comunicador.
- Escuta as propostas dos outros, as assimila e as aplica.
- Gera idéias adaptadas as necessidades de seus alunos
- Habilidade para apresentar idéias a seus alunos.

O Educador deve exercer o papel de catalisador do processo cíclico da aprendizagem, favorecendo todos os seus alunos, desenvolvendo não apenas habilidades técnicas e comportamentais mas, sobretudo, a capacidade de aprender continuamente.

5.4 Papel do Educador

Nas instituições educacionais, o educador tem um papel fundamental na transformação da educação de seus educandos, onde tal processo dependerá de suas aptidões.

O mau professor passa a matéria para seu aluno, seja através de um ditado, seja através da lousa ou um recurso de mídia qualquer. O aluno recebe o conteúdo despejado pelo professor e reproduz de maneira totalmente mecanizada sem sequer ter contextualizado tal conteúdo absorvido, fazendo-se assim um depósito bancário, ou seja, passando informações muitas das vezes obsoletas ou irrelevantes, o que não acrescentará em nada para a construção de um conhecimento do educando, visto que na maioria das vezes, essas informações se encontram desvinculas as suas necessidades e interesses.

O mau professor se preocupa excessivamente com a importância do conteúdo que está contido no livro ou na apostila, impostos por diferentes governos. Conteúdos esses que não ajudarão na construção de um conhecimento relevante, corrosivo, conhecimento este que desenvolverá a cidadania e a criticidade de seus educandos. Conteúdos que apesar de muitos professores criticarem, continuam a passar para seus alunos cumprindo assim o seu programa escolar e sua meta que é a do pacto da mediocridade, ou seja, eu finjo que ensino e eles fingem que aprendem.

Estes professores não se preocupam em saber se os alunos estão aprendendo o conteúdo ministrado e partem para o próximo conteúdo, já que sua obrigação é dar tudo o que está no livro, custe o que custar. O problema será do aluno se não aprender.

O mau professor se restringe apenas às quatro paredes de uma sala de aula, ao giz e ao quadro. Sabe que não terá êxito caso saia disso. É inseguro e medroso. Ele não se preocupa com as novidades pedagógicas, pois tem aversão a mudanças e jamais considerou a vida cotidiana de seus alunos e dos problemas sociais vivenciado pelos mesmos e pela comunidade escolar e como tais problemas influenciam no processo ensino- aprendizagem.

O bom educador terá uma preocupação com o desenvolvimento harmônico do corpo de seu educando, visto que na maioria das vezes, passará mais tempo com o educando que os próprios pais. Cabe a esse educador observar qualquer anormalidade que possa dificultar o processo ensino-aprendizagem e tomar as devidas providências.

O bom educador necessitará também desenvolver o lado emocional da criança, evitando assim causar traumas ao educando. Cabe aqui ressaltar que educando é todo o profissional especializado na escola: seja ele docente, pedagogo, psicopedagogo, psicólogo e qualquer outro profissional com habilitação na educação; visto que é função de tais profissionais desenvolver em seus educandos a capacidade criativa, favorecendo-os sempre as condições para que os mesmos possam criar e inovar, exercitando sempre suas atividades criativas.

O educador trabalhará o espírito de iniciativa de seu educando, incentivando-o sempre a trabalhar em equipes, times[9], fazendo cada vez mais com que seus educandos fiquem entrosados, seguros, e que saibam conviver e respeitar as divergências de opinião, fazendo-os com que exponham sempre seus pontos de vista,

---

[9] Pessoas definidas por professores a comporem o grupo de estudo e/ou pesquisa, fazendo com que prevaleça um trabalho em grupo onde não haja as chamadas panelinhas, ou seja, pessoas que trabalham com pessoas que têm afinidades.

isto é, fazendo com que seus companheiros sejam sempre respeitados, desenvolvendo assim, cada vez mais suas criticidades.

Ao educador caberá também, desenvolver a formação moral de seu educando, já que será tal formação que fará com que ele aplique e faça jus a sua cidadania, desenvolvendo também seu senso de responsabilidade social, já que o mesmo deverá sofrer mudanças, deixando de ser um manipulável e dócil para ser um cidadão crítico, insatisfeito, indócil e conhecedor de seus direitos e deveres.

Figura 14: Papel do educador.
Fonte: COUTO, José Carlos Nogueira e LOMBA, Tâmara Miranda.

Quando se analisam os problemas da educação, muitos acreditam que sua única causa se dá devido aos grandes problemas políticos pelos quais assolam o país, mas quem pensar dessa maneira está apenas querendo se enganar. Um dos grandes problemas são os maus professores, essa classe que nunca conseguiu se unir, tampouco em suas maiores lutas para busca de alguns direitos.

Um dos problemas dos professores está em não se reciclar. É sabido que muitos irão questionar o fator salário, mas a reciclagem não se faz apenas com cursos caros, mas com boas leituras, seja de livros comprados ou emprestados, de revistas, artigos de Internet, artigos de outros professores, com questionamentos inteligentes para outros profissionais, com trocas de informações entre si, com o hábito de escrever, de fazer pesquisas, de criar e de compartilhar conhecimento com a tão falada e pouco utilizada transdiciplinaridade, com observações de seu ambiente de trabalho, seja sala de aula ou seus próprios alunos, com a humildade em não ser obrigado a saber tudo, mas ser obrigado a ser honesto com seus alunos. É trabalhar o ócio produtivo, ou seja, em horas vagas ocupar-se com boas leituras e para se ter uma boa leitura não se faz necessário comprar bons livros, basta pegar emprestado na biblioteca um livro, revista ou qualquer artigo. O problema aqui é que os professores não têm costume de ler, basta analisar em uma instituição de educação que tenha um bom acervo, quantos professores pegaram livros para ler e/ou fazer algum tipo de pesquisa? Esses professores não se preocupam em melhorar nem como profissional e tampouco como pessoa.

Outros problemas, não menos corriqueiros são para os profissionais que se dizem professores, apesar desses professores não serem educadores, pois educadores se preocupam em educar, ou seja, criar um ambiente para que seu aluno consiga aprender, e não professar coisas que foram ditas por outras pessoas e sem sequer ter relevância para seus alunos. Muitos profissionais não são nem educadores e tampouco professores, são apenas profissionais que dão aula, ou por necessidade ou pior ainda, por *hobby* (passatempo), gerando assim, grande dificuldade aos alunos em aprender o conteúdo ministrado criando assim um ambiente de antipatia pelo profissional e também pelo conteúdo ministrado, que para Libâneo (1994) a grande parte dos profissionais de educação esquece de fazer a mediação entre o aluno e a sociedade, entre a condição social de onde ele se enquadra com sua destinação social na sociedade provendo condições e meios para que ocorra o aprendizado.

Como minimizar a ignorância de um povo? Partindo-se da pesquisa, termo utilizado por Freire (1996, p. 32), conseguirei fazer algumas mudanças no modo de pensar, agir e auxiliar na construção do conhecimento do aluno. Segundo o autor, "Não há ensino sem pesquisa e pesquisa sem ensino" pois "Pesquiso para constatar, constatando, intervenho, intervindo me educo e educo. Pesquiso para conhecer o que ainda não conheço", uma vez que não há ensino sem pesquisa, e o que faz um país desenvolver em sua educação, são pesquisas, pesquisas essas de grande relevância para o contexto social de onde as escolas se encontram inseridas.

Faz-se necessário frutificar o potencial dos alunos, fazendo com que eles desenvolvam a capacidade de se comunicar, de trabalhar com outras pessoas, de gerir e de resolver conflitos que aparecerão no dia a dia, de respeitar culturas diferentes e pessoas com pensamentos adversos, de serem autônomos e críticos e para formular os seus próprios juízos de valor, de modo a poder decidir, por si mesmo, como agir nas diferentes circunstâncias da vida, indo contra a pedagogia dos dominantes no qual a educação existe como prática de dominação.

5.5 Docente: Um Referencial

Sabemos que um bom professor é um referencial para seus alunos, isto é, mesmo a escola não trabalhando em seu currículo o seu desenvolvimento como ser crítico e emancipado, fazendo deste parte de uma massa de manobra, objeto de manipulação, os professores podem ter autonomia, a ponto de escolher para os alunos os conteúdos que efetivamente promovam neles atitudes, reflexões e manifestações objetivadas, fazendo-os fugir da alienação que segundo Aranha (1996, p. 235) é a "perda da individualidade; perda da consciência crítica", o que vai contra os princípios de uma escola onde prevalece uma ecologia cognitiva[10].

Demo (2000, p. 17) nos alerta quanto a "instituições educacionais que dão diplomas mas não cultivam o saber pensar", e nós educadores, precisamos nos preocupar em ensinar o aluno a isso, a tirar suas próprias conclusões, a ser emancipativo, a contextualizar suas respostas e a ser participativo no processo educacional.

Segundo Tomazi (1997, p. 131) "cidadania é ter direitos, é o direito de ter uma educação para saber quais são os nossos direitos e como exercitá-los", e cidadania também significa "ter deveres, como: respeitar o direito dos outros, respeitar o que é público, e também respeitar as leis e as normas que regem nossa sociedade".

O fato dos direitos estarem inscritos na Constituição de um país ou explícito em leis que regulamentam nossa vida não configura a existência dos direitos na prática cotidiana dos cidadãos. É o exercício dos direitos que lhes dá existência, permanência e solidez. Os nosso direitos

---
[10] Ecologia Cognitiva – Local onde prevalece a disseminação do conhecimento.
Ecologia – Estudo das relações dos seres vivos com o ambiente em que vivem.

> *e deveres só existem enquanto são vivenciados. É o exercício da cidadania que a torna viva e presente. (Tomazi, 1999, p. 140)*

O professor tem uma função em sala de aula, sua função é garantir o aprendizado do aluno tanto na escola quanto para a vida.

A aprendizagem é essencial para nos tornarmos cidadãos. Segundo Demo (2000, p. 89) "aprender vai se tornando direito humano fundamental, quase no mesmo nível que o direito à vida".

> *O homem é e será um ser criador e ativo que comunica e vive em comunidade, que aprende, que pensa e que sente a exigência ética. Esses caracteres específicos se traduzem em necessidades – de superação, de movimento e de ação, de desenvolvimento intelectual, de contato com os outros e de auto-afirmação na criação – para cuja satisfação a educação tem o dever de contribuir. Ela escapa assim, a normalização, atribuindo-se como fim o sujeito ético, a pessoa humana. (Hadji 2000, p. 109)*

Para buscarmos uma educação aprendente, nós professores teremos que estar preparados para aprender. Isso significa que precisamos nos adaptar sobretudo para transformar a realidade, para nela intervir, recriando a fala da nossa educabilidade a um nível distinto do nível do adestramento.

> *O professor tem esta tarefa fina e sublime de mostrar que a crítica é necessária para aprender com autonomia, mas que a aprendizagem deve também incluir a convivência comum com o bem maior. Pois mais decisivo que inovar, é humanizar a inovação. (Demo 2000, p. 53),*

Para Hadji (2001, p. 155) a "qualidade do professor se mede pela quantidade de trabalho ao qual ele conduz seus alunos. O que conta é saber fazer com que estes trabalhem (neodiretividade emancipadora)".

Quando um aluno se encontra inserido em uma educação aprendente, ele foge da cidadania tutelada e assistida, tão alertada por Demo (2000), onde a primeira faz dos alunos pessoas submissas e ignorantes e a segunda, faz os alunos aceitarem apenas a assistência necessária e tem como ideal viver sem assistência. Através de uma educação aprendente, o aluno conquistará uma cidadania emancipada, aquela que o fará saber o que querer, por que querer e como querer, o fará crítico, ativo e humanizado.

Se seguirmos os princípios de uma educação aprendente, faremos nossos alunos conquistarem uma cidadania. Fazendo com que os mesmos transformem a sociedade onde nos encontramos sem que haja a alienação dos nossos alunos.

6. Escola

6.1 Escola Responsável

Na sociedade do conhecimento, a escola é a responsável pelo desempenho e o resultado, pois ela ultrapassou a posição social, visto que sua preocupação está além dos jovens. Ela passa a ser uma instituição de adultos instruídos.

Há algumas centenas de anos, as escolas passaram por uma revolução tecnológica causada pelo livro impresso. Essas escolas ao utilizar de tal tecnologia, assumiram uma liderança mundial entre 1500 e 1650, enquanto os chineses e muçulmanos não quiseram aderir a tecnologia como ferramentas nas escolas.

Os chineses e principalmente os muçulmanos acreditavam que o livro tiraria a autoridade do professor, o que possibilitaria dos alunos lerem por sua própria conta e isso fez com que a China e o império Otomano ficassem em uma involução, o que fez de suas escolas obstáculos ao progresso.

A tecnologia é o fator menos importante do que as mudanças que advêm, pois são essas mudanças que são relevantes para o aprendizado.

Os japoneses não seguiram o exemplo ocidental em ralação às modernas escolas e tampouco utilizaram o mesmo método que os chineses, ou seja, elitizando os estudos. Os japoneses deram ênfase em suas caligrafias e utilizaram o livro com muita eficácia. Foi a escola japonesa *Bunjin* que fez com que o Japão progredisse se tornando o único país não ocidental uma nação moderna.

A escola moderna está embasada nas novas especificações, ou seja:
- a escola deve prover uma educação universal;
- a escola precisa imbuir os estudantes de motivação para aprender e de um aprendizado permanente e continuado;
- ela tem que ser acessível a todos, seja para pessoas esclarecidas ou para as que ainda não tiveram acesso a uma educação;
- precisa comunicar conhecimento como uma substância e
- o ensino não deve ser monopólio das escolas, ele precisa permear por toda a sociedade.

As organizações empregadoras também necessitam se transformar em instituições de aprendizado.

6.2 As Novas Exigências de Desempenho

Para um sistema educacional ser eficiente, precisamos antes de mais nada oferecer um ensino universal e dar condições para que os alunos se realizem, transformem de maneira positiva a realidade na qual se encontram inseridos, fazendo-se sujeitos da situação.

O primeiro impacto de uma tecnologia de aprendizagem ocorre sobre a educação universal.

Na escola moderna o professor não precisará ensinar conteúdos de forma comportamental, ou seja, através de exercício, de repetição e retornos. Nessa escola os alunos serão os próprios instrutores, com softwares como ferramentas. Essa escola será fortemente intensiva de capital.

A escola moderna deverá exigir além dos itens básicos como ler, escrever e aritmética, ela exigirá familiaridade com números e cálculos, compreensão básica de ciência e da dinâmica tecnológica, conhecimento de outras línguas e aprenderá a produzir com qualidade como membro de uma organização.

Nessa escola o ato de ensinar é uma atividade que tem por objetivo, transmitir conhecimento a um grupo de pessoas reunidas em um espaço físico, e para que isso ocorra, os professores também têm que estar preparados para aprender. A capacidade de aprender não apenas para se adaptar mas sobretudo para transformar a realidade, para nela intervir, recriando a fala da nossa educabilidade a um nível distinto ao nível do adestramento e este fator é muito relevante a uma gestão do conhecimento, pois nessa gestão, deverá haver uma permuta de conhecimento e profissionais oriundos de escolas modernas já terão grande facilidade em trabalhar tal gestão.

Para que as escolas sejam modernas, seus profissionais precisarão aprender a trabalhar com as diferenças em uma sala de aula, eles necessitarão trabalhar com a realidade que se encontra em classe preparando seus alunos para aprenderem a conviver com as diferenças e crescerem com elas.

A educação só será possível se o sujeito for modificável, e para que ele se faça modificável – visto que a educação traz consigo uma mudança de comportamento e de ação – não deverá ter obstáculos de ordem biológica, psicológica ou social, uma vez que o ser humano é visto como uma totalidade ao mesmo tempo biológica, psicológica e social.

6.3 Escola e o Projeto Pedagógico

Projeto pedagógico é uma proposta pedagógica fundamentado em informações obtidas através de uma parceria com a comunidade escolar, ou seja, escola e sociedade. Tais informações podem ser externas extraídas da comunidade em si, onde a escola se encontra inserido e também informações internas, informações essas, fornecida pelo corpo de funcionários, professores, alunos, e direção da escola. Nele deve estar inserido uma criticidade, visto que a educação tem um papel meritório no processo de humanização do homem e na transformação da sociedade.

Como vimos anteriormente, o projeto pedagógico é um documento elaborado a partir das necessidades de cada escola, ou seja, ele deve ser um documento ímpar no que tange as necessidades escolares e de toda comunidade, visto que cada comunidade tem suas limitações, anseios, expectativas e potencialidades. Nesse documento, deve ser levado em consideração os recursos didáticos e pedagógicos que a escola tem a oferecer.

Deve abranger as competências e habilidades tanto do corpo docente quanto do discente, trabalhar a multidisciplinaridade, desenvolver no corpo discente relacionamento interpessoal e fazer com que esses alunos se tornem cidadãos capacitados a enfrentar as incertezas buscando sempre a racionalidade. Deve também inserir no educador que a educação não deve ser imposta e sim, discutida e debatida. Não deve ser ditada mas haver uma permuta de idéias. Não deve impor ordem aos alunos para que os mesmos aderem e se acomodem, mas propiciar um pensamento autêntico, incorporando os ensinamentos e modificando a sociedade.

O projeto pedagógico deve fugir da normalização que é uma forma de *estandartizar* as consciências, ou seja, é um processo social de conformismo, fazendo com que as pessoas sejam cada vez mais alienadas, eliminando o poder de contestação e propondo palavras de ordem. Nesse projeto, a conscientização abrirá caminho à expressão de insatisfação, ao desagrado da exclusão social e também das desigualdades. Para isso, esse projeto não deverá em absoluto, fundamentar em projetos pré-preparados, pois ele deve ser um ferramental de grande relevância para a escola e comunidade.

O erro não está na imitação de um projeto pedagógico, mas na passividade que ele poderá inserir nos envolvidos, causando nos alunos uma anuência de autocrítica, implicando na atrofiação de uma consciência crítica que não permitirá ao homem transformar a realidade, o que acarretará não no ensinamento, mas na domesticação do homem o que levará a uma negação da educação.

No projeto pedagógico deve estar inserido itens como mutação da realidade, tanto que o mesmo também deve ser mutável, levar toda a comunidade escolar a análise de problemas, fazer o professor levar aos alunos princípios autênticos de causalidades, verificando e testando as descobertas e não através de explicações mágicas, fugir de todo e qualquer preconceito. Deve também repelir qualquer comportamento quietista, fazendo com que toda a comunidade escolar seja indagadora e investigadora incentivando sempre o diálogo para o norteamento de uma excelência, fazendo com que os docentes fujam ao memorizmo de seus alunos, pois isso fossilizará a inteligência, a imaginação e a critavidade.

6.4 Escola e o Plano de Ensino

Para se ter um ensino onde se prime uma boa qualidade, faz-se necessário que se trace um plano e nesse plano é necessário ser objetivo, ou seja, claro e simples. A objetividade nega toda e qualquer idéia de complexidade.

> *Objetivos são o ponto de partida, as premissas gerais do processo pedagógico. Representam as exigências da sociedade em relação à escola, ao ensino, aos alunos e, ao mesmo tempo, refletem as opções políticas e pedagógicas dos agentes educativos em face das contradições sociais existentes na sociedade.* Libâneo (1990, p. 48).

Ao definir os objetivos para uma disciplina ou conteúdos, deve-se observar e inserir algumas características como: clareza, simplicidade, validade, operacionalidade e poder ser avaliado.

Segundo Marugeiro[11] devem ser observados alguns itens como:

---

[11] MARUGEIRO, Lucimara de Fátima – Coordenadora Pedagógica da UNIPAC/LAFAIETE – MG.

- **Objetivos comportamentais:** dizem respeito ao comportamento (externo) que o professor espera que o aluno apresente.
  Exemplos de verbos: reconhecer, cumprir, definir.

- **Critério e padrão:** são partes de um objetivo que deverão mostrar se ele está completo ou não.
  *** Importante:** o que uma pessoa demonstra resolver dentro de si (se gosta ou não, sendo um sentimento interno) não é objetivo comportamental.

- **Como formular objetivos comportamentais (instrucionais):**
  1) Desdobrar os objetivos gerais em vários específicos (são observados em curto prazo).

  Exemplos: Desenvolver atitude científica, compreendendo o método científico como forma de solução de problemas **(objetivo geral);**

  Objetivos Específicos
  – Nomear as etapas do método científico;
  – Explicar em que consiste cada etapa do método científico;
  – Usar o método científico na resolução de uma situação-problema.

  Objetivos gerais: são atingidos em longo prazo.
  Objetivos específicos: são observáveis em curto e médio prazo e são bem diretos.

2) Focalize o comportamento do aluno e não do professor.
3) Utilize verbos que descrevam comportamentos observáveis do aluno.

   Ex: Somar e subtrair quaisquer operações apresentadas (verbos que demonstram ações que eu posso comprovar).

   Obs: Evite: adquirir, aprender, conhecer, entender, compreender, desenvolver, pois são verbos que demonstram atitudes internas. **São mais usados como objetivo geral.**

   Use: identificar, reconhecer, diferenciar, comparar, escrever, relacionar...

4) Especifique as condições de realização e defina os critérios ou níveis de desempenho aceitáveis.

   Ex: Desenhar um triângulo isósceles e um triângulo escaleno, fazendo uso da régua.

   Somar frações de denominadores iguais, usando material concreto.

   Dar significado de todas as palavras sublinhadas no texto, usando dicionário.

5) Formule cada objetivo de forma que ele descreva apenas um comportamento por vez.

   Ex.: Medir e registrar comprimento de retas dadas (um comportamento está complementando o outro).

6) Formule objetivos úteis, que não envolvam apenas memorização, mas habilidades cognitivas:

   a) Reconhecer dentre várias fórmulas apresentadas a que é usada para calcular área do quadrado (envolveu memorização).

b) Resolver problemas utilizando a fórmula para calcular a área de um quadrado (envolveu habilidades de compreensão, de interpretação).

Lista de verbos para elaboração de objetivos comportamentais:

Domínio Cognitivo

Conhecimento	Compreensão	Aplicação	Análise	Síntese	Avaliação
Definir	Discutir	Interpretar	Distinguir	Compor	Avaliar
Repetir	Descrever	Aplicar	Diferenciar	Planejar	Julgar
Apontar	Explicar	Usar	Calcular	Propor	Validar
Registrar	Expressar	Empregar	Provar	Esquematizar	Selecionar
Marcar	Identificar	Demonstrar	Comparar	Construir	Escolher
Relacionar	Localizar	Dramatizar	Investigar	Organizar	Valorizar
Relatar	Transcrever	Ilustrar	Examinar		Medir
Reconhecer	Narrar	Operar	Analisar		Mensurar
	Contextualizar	Inventariar	Discernir		
		Traçar			

Tabela de Verbos: Fonte Marugeiro.

Marugeiro ressalta que planejar é analisar uma dada realidade, refletindo sobre as condições existentes e prever as formas alternativas de ação para superar as dificuldades ou alcançar os objetivos desejados. É um processo mental que envolve análise, reflexão e previsão e plano é o resultado, a culminância do processo mental de planejamento. É um esboço das conclusões resultantes do processo mental de planejar.

Para a coordenadora pedagógica, existem alguns tipos de planejamento na área de Educação, sendo eles, o Planejamento Didático ou Planejamento de Ensino, assim mais comumente chamado.

Planejamento de Ensino: É a previsão das ações e procedimentos que o professor vai realizar junto a seus alunos; é a organização das atividades discentes e das experiências de aprendizagem, visando atingir os objetivos educacionais estabelecidos.

O Professor ao **planejar o ensino** antecipa, de forma organizada, todas as **etapas do trabalho** escolar. Cuidadosamente, identifica os **objetivos** que pretende atingir, indica os **conteúdos** que serão desenvolvidos, seleciona os **procedimentos** que utilizará como estratégia de ação e prevê quais os **instrumentos** que empregará **para avaliar** o progresso dos alunos. Portanto, professor, o seu **Plano de Ensino** será a culminância do seu processo mental de **Planejamento de Ensino,** sendo assim, deverá expressar claramente suas reais intenções com o trabalho educacional ao qual se propôs realizar.

Os itens abaixo compõem o Plano de Ensino; para tanto, segue uma breve descrição de cada um deles com aspectos que lhe são peculiares.

Curso:
Disciplina:
Período:

Carga Horária:		Pré-requisito:
Semanal:	Semestral:	

EMENTA
Segundo o Miniaurélio (2001) "ementa é apontamento, nota, resumo, sumário". Dessa forma, neste campo é necessário que contenha somente os temas que serão trabalhados, os conteúdos mais relevantes, sem que os mesmos sejam justificados ou expressem seus objetivos. **Exemplo:** Leitura e produção de textos orais e escritos. Coesão textual. Coerência textual. Aspectos de organização morfossintática da Língua Portuguesa.

OBJETIVOS DA DISCIPLINA
Objetivo de Ensino: Descrição de um comportamento que se espera observar no aluno, depois da experiência instrucional que lhe é proporcionada. • Objetivos bem formulados fornecem aos alunos meios de organizar esforços próprios para atingi-los. • O objetivo deve ser entendido do mesmo modo pelos professores, alunos ou por todos que o leiam ou ouçam a sua descrição. • Redigir bem um objetivo é fundamental, uma vez que os objetivos devem ser descritos de modo que não restem dúvidas sobre o seu significado, sobre o comportamento esperado. **Objetivos gerais:** São objetivos amplos, abrangentes, relativamente vagos, que exigirão mais tempo

continua...

continua...

para serem atingidos. São previstos para um período mais longo. Apresentar-se-ão como o resultado de um crescimento gradativo.

Exemplo: Conhecer as diferenças entre a língua oral e escrita, adequando-as às circunstâncias de comunicação.

Objetivos específicos: São objetivos que devem ser descritos em termos mais restritos, comportamentais, delimitando a área de abrangência em que o comportamento deverá ocorrer. São atingíveis em menores espaços de tempo.

* Uma dica para lhe ajudar a elaborar seus objetivos: Pense na frase (ou em outra que seja similar): "No decorrer do Curso **o aluno deverá ser capaz de**":

Exemplos:
- Construir, proficientemente, textos diversos;
- Utilizar a variante lingüística adequada a cada situação concreta de comunicação;
- Identificar aspectos de organização morfossintática da Língua Portuguesa.

CONTEÚDO PROGRAMÁTICO

Conteúdos de ensino são o conjunto de conhecimentos, habilidades, hábitos, modos valorativos e atitudinais de atuação social, organizados pedagógica e dialeticamente, tendo em vista a assimilação ativa e aplicação pelos alunos na sua vida prática. Neste campo descreve-se os conteúdos que serão trabalhados no decorrer do Curso (ano, semestre): Unidades de Ensino e seus assuntos específicos.

RECURSOS DIDÁTICOS

Neste campo serão descritos os recursos diversos utilizados para o desenvolvimento do processo de ensino-aprendizagem, os instrumentos, as "ferramentas" que auxiliarão o trabalho do professor.

Exemplos:
- Quadro branco, presente em todas as aulas;
- Retroprojetor;
- Televisão, videocassete e fitas de vídeo;
- Gravador e fitas-cassete;
- Laboratório de informática;
- Murais e cartazes;
- Jornais e revistas;
- Livros e textos diversos;
- Computador e programas;
- Projetor Multimídia;
- Entre outros.

METODOLOGIA DE ENSINO E METODOLOGIA DE AVALIAÇÃO

Método:
- Caminho para atingir um objetivo;
- "Procedimento organizado que conduz a um certo resultado. Modo de agir, de proceder". (Miniaurélio, 2001).

Metodologia:
- "Conjunto de métodos, regras e postulados utilizados em determinada disciplina e sua aplicação" (ibidem).

Metodologia de Ensino: Descrição de conjunto de métodos que poderão ser utilizados, de forma diversificada, a fim de que as atividades de aula procurem desenvolver e/ou aprimorar as competências e habilidades necessárias à formação acadêmico-profissional e sociocultural do aluno.

Exemplos:
- Aulas expositivas dialogadas;
- Atividades individuais e em grupo;
- Elaboração e apresentação de relatórios;
- Pesquisas na Biblioteca e na internet;
- Seminários;
- Debates;
- Leituras de textos diversos;
- Entre outros.

Metodologia de Avaliação: Conjunto de métodos que poderão ser utilizados para avaliar o processo ensino-aprendizagem. Instrumentos avaliativos definidos pelo professor que poderão contribuir para que ele verifique se os objetivos propostos foram alcançados.

Exemplos:
- Participação nas aulas;
- Seminários;
- Trabalhos em grupo;
- Provas;
- Entre outros.
- Preferencialmente, explicitando a pontuação (valor) de cada avaliação.

BIBLIOGRAFIA BÁSICA

Citar três referências bibliográficas utilizando as normas da Associação Brasileira de Normas Técnicas (ABNT).

Exemplo:

GNERRE, Maurizio. **Linguagem, escrita e poder.** 4ª ed. São Paulo: Martins Fontes, 1998. 115 p.

FARACO, Carlos Adalberto; TEZZA, Cristóvão. **Prática de texto:** para estudantes universitários. 10ª ed. Petrópolis: Vozes, 2002.

BIBLIOGRAFIA COMPLEMENTAR

Idem às dicas da Bibliografia Básica, porém citar somente dois livros.

BIBLIOGRAFIA CONSULTADA PARA ELABORAÇÃO DESTE TEXTO

PILETTI, Claudino. **Didática Geral.** São Paulo: Ática, 2000.

FERREIRA, Aurélio Buarque de Holanda. **Miniaurélio Século XXI Escolar**: O minidicionário da língua portuguesa. 4ª ed. Rio de Janeiro: Nova Fronteira, 2001.

LIBÂNEO, José Carlos. **Didática**. São Paulo: Cortez, 1994.

6.5 Didática: A Arte de Ensinar

Para Piletti (1989) a didática tem o objetivo específico à técnica do ensino e para Comênio (1966) a didática é a arte de ensinar tudo a todos. Independente a definição, o professor deve ter uma boa didática para que seu aluno consiga aprender o que é necessário para o seu crescimento como cidadão.

Para Libâneo (1992, pp. 25-6) cabe à didática "converter objetivos sócio-políticos e pedagógicos em objetivos de ensino, selecionar conteúdos e métodos em função desses objetivos, estabelecer os vínculos entre o ensino e a aprendizagem, tendo em vista o desenvolvimento das capacidades mentais dos alunos". O autor vai além ao dizer que a didática é o elo entre "o que" e o "como" do processo pedagógico escolar. Ela será a mediação entre a prática docente e as bases teórico-científicas da educação escolar

A didática está intrínseca em várias áreas do conhecimento que pesquisam o desenvolvimento humano: Filosofia, Sociologia, Psicologia, Antropologia, História, Política, Teorias da Comunicação, entre outras.

Através desses conhecimentos, ela vai pensar e refletir sobre questões voltadas para a instituição escolar e para a sala de aula. Alguns exemplos destas questões:

- Como o aluno aprende?
- Como o professor pode mediar a aprendizagem do aluno?

- Como motivar os alunos para a aprendizagem?
- Como organizar o currículo de uma instituição de ensino?
- Qual a influência dos governos e da sociedade sobre a educação?
- E outras tantas questões que poderiam ser enfatizadas.

É ressaltado que a Didática foca na aplicação do conhecimento que produz para a solução de problemas e questões que surgem no dia-a-dia escolar e no contexto de sala de aula. Ela trabalha com três dimensões do processo de aprendizagem:

a) **Humana**: Para que existe um bom processo de ensino-aprendizagem, faz-se necessário que se realize um relacionamento interpessoal, tanto entre professor × aluno e vice-versa, e também aluno × aluno. Essa interação criará uma afetividade entre os envolvidos nesse processo de aprendizagem. Esse vínculo afetivo que se cria entre professores e alunos, muitas vezes acabam sendo os responsáveis tanto pelo sucesso do aluno quanto pelo seu fracasso em relação a sua aprendizagem.
b) **Político-social**: Os professores devem estar inseridos na sociedade, contribuindo assim de maneira positiva para o seu progresso e desenvolvimento.
c) **Técnica**: Aborda aspectos como definição de objetivos, seleção de conteúdos, técnicas e recursos de ensino, organização do processo de avaliação, planejamento de curso e de aulas.

A Didática tem oferecido algumas contribuições à formação de um bom professor, fazendo com que haja sempre um crescimento contínuo de sua carreira na prática educativa. Algumas dessas contribuições são apresentadas a seguir:

- Propiciar o alcance do professor a pesquisas e conhecimentos produzidos, em prol de estimular sua consciência crítica e reflexiva;
- Incentivar os professores a pesquisarem assuntos de relevância para sua formação profissional, bem como para o aprimoramento de sua ação educativa;
- Criar oportunidades para os educadores trocarem experiências entre si a respeito de seus sucessos e fracassos na prática docente;
- Possibilitar aos mesmos a formação continuada, pois é preciso acompanhar o avanço dos tempos;
- Oferecer diversidades de técnicas e de estratégias de ensino para que a prática docente seja mais prazerosa e obtenha resultados satisfatórios.

6.6 Aprendendo a Aprender

A educação básica é a capacidade de efetuar operações simples, conhecimento em história e outros conhecimentos como interpretação, e na sociedade do conhecimento, a educação básica não é o bastante. As crianças precisam também do conhecimento dos processos, as pessoas precisam aprender a aprender.

Nessa sociedade, o aprendizado é um aprendizado vitalício, o que se faz necessário uma disciplina, e também que seja atraente e traga uma grande satisfação.

Os japoneses foram os únicos que conseguiram inserir em suas escolas uma disciplina para o aprendizado, pois eles saem das escolas tendo aprendido como estudar, como ser perseverante e como aprender.

A motivação para aprender será baseada nos pontos fortes dos alunos. Ao se encontrar esses pontos e focalizar na realização, será a melhor definição de ser professor e de ensinar, o que não acontece nas escolas e principalmente nas graduações, pois esses professores focam no ponto fraco dos alunos, gastam muito tempo nas suas correções e na produção de uma mediocridade respeitável.

As escolas tradicionais querem alunos medíocres, alunos com conceito A, satisfazendo padrões de mediocridade, sem grandes realizações e se mantendo apenas em um conformismo.

O uso da tecnologia liberará o professor do ensino rotineiro, do ensino repetitivo e do ensino corretivo, pois os softwares auxiliarão os alunos de maneira mais eficaz. Com a tecnologia o professor terá mais tempo para ensinar, observando o pontos fortes, focalizar tais pontos e levar esses alunos a grandes realizações.

Na escola moderna a tecnologia auxiliará o professor na busca da realização de seus alunos e a mesma escola mudará sua atitude, deixando de centrar nos pontos fracos dos alunos e se focalizará nos pontos fortes, fazendo de seus educandos, estudantes.

O ato de educar deve ter como base algumas aprendizagens fundamentais que ao longo da vida, serão de algum modo para cada indivíduo, os pilares do conhecimento, fazendo assim, com que o mesmo busque cada vez mais sua emancipação e humanize-se continuamente em sua vida. Tais pilares devem se basear no aprender a conhecer, aprender a fazer, aprender a viver e aprender a ser.

Obviamente para que essa boa educação ocorra, faz-se necessário que o educador tenha o hábito de ler no mínimo dois livros por ano, esteja satisfeito com sua atividade, pois caso isso não ocorra, como o mesmo irá conseguir incentivar em seu educando a paixão pelo mundo da leitura, a busca incansável do saber e o interesse pela política?

6.7 A Escola na Sociedade: Uma parceria entre Escolas e Organizações

A escola é há muito tempo uma instituição social básica, mas tradicionalmente ela se tornou uma instituição separada, que raramente ou nunca se combina com qualquer outra instituição. Elas precisarão se organizar, se transformando em um sistema aberto, transformando o aprendizado em atividade vitalícia e assim, a sociedade do conhecimento deverá aproveitar do potencial do conhecimento.

O ensino não será mais aquilo que as escolas fazem, ele será um empreendimento conjunto, tendo as escolas como parceiras e não monopolistas.

A escola será um lugar onde continuaremos a aprender, seja para um seminário de alguns dias, para um curso de final de semana, para um curso de verão ou por alguns anos durante alguns dias da semana, e o emprego também será um lugar onde os adultos continuarão a aprender. O treinamento será uma atividade vitalícia e não será algo visto apenas para iniciantes.

Escolas e empresas devem trabalhar em conjunto fazendo grandes alianças.

6.8 As Múltiplas Inteligências como o Desenvolvimento da Educação

Segundo Gardner[12] a inteligência é responsável por nossas habilidades. Cada indivíduo possui alguns tipos diferentes de capacidade, que caracterizam sua inteligência.

- A inteligência como habilidade para criar.
- A inteligência como habilidade para resolver problemas.
- A inteligência como habilidade para contribuir em um contexto cultural.

Faz-se necessário entender um pouco as inteligências, para que assim as escolas junto com seu corpo

---

[12] Smole, Kátia Cristina Stocco, **Múltiplas Inteligências na Prática Escolar**. Brasília: Ministério da Educação, Secretaria de Educação a Distância, 1999.

(professores, orientadores, pedagogos entre outros) possam direcionar seus alunos a desenvolverem de maneira correta essas inteligências para que assim, elas possam norteá-los para um sucesso tanto profissional quanto pessoal.

Tipos de Inteligências

- **Lógico-matemática**
  É a inteligência que determina a habilidade para raciocínio dedutivo, além da capacidade para solucionar problemas envolvendo números e demais elementos matemáticos. É a competência mais diretamente associada ao pensamento científico, portanto, à idéias tradicional de inteligência.

- **Pictórica**
  É a faculdade de reproduzir, pelo desenho, objetivos e situações reais ou mentais. E também de organizar elementos visuais de forma harmônica, estabelecendo relações estéticas entre elas. Trata-se de uma inteligência que se destaca em pintores, artistas plásticos, ilustradores e chargistas.

- **Musical**
  É a inteligência que permite a alguém organizar sons de maneira criativa, a partir da discriminação de elementos como tons, timbres e temas. As pessoas dotadas desse tipo de inteligência geralmente não

precisam de aprendizado formal para exercê-la, como é o caso de muitos famosos da música popular brasileira.

- **Intrapessoal**
  É a competência de uma pessoa para conhecer-se e estar bem consigo mesma, administrando seus sentimentos e emoções a favor de seus projetos. Enfim, é a capacidade de formar um modelo real de si e utilizá-lo para se conduzir proveitosamente na vida, característica dos indivíduos "bem resolvidos", como se diz na linguagem popular.

- **Interpessoal**
  É a capacidade de uma pessoa dar-se bem com as demais, compreendendo-as, percebendo suas motivações e sabendo como satisfazer suas expectativas emocionais. Esse tipo de inteligência ressalta nos indivíduos de fácil relacionamento pessoal, como líderes de grupos, políticos, terapeutas, professores e animadores de espetáculos.

- **Espacial**
  É a capacidade de formar um modelo mental preciso de uma situação espacial e utilizar esse modelo para orientar-se entre objetos ou transformar as características de um determinado espaço. Ela é especialmente desenvolvida, por exemplo, em arquitetos, navegadores, pilotos, cirurgiões, engenheiros e escultores.

- **Lingüística**
  Manifesta-se na habilidade para lidar criativamente com as palavras nos diferentes níveis da linguagem (semântica, sintaxe), tanto na formal como na escrita, no caso de sociedades letradas. Particularmente notável nos poetas e escritores, é desenvolvida também por oradores, jornalistas, publicitários e vendedores, por exemplo.

- **Corporal-cinestésica**
  É a inteligência que se revela como uma especial habilidade para utilizar o próprio corpo de diversas maneiras. Envolve tanto o autocontrole corporal quanto a destreza para manipular objetos (cinestesia é o sentido pelo qual percebemos os movimentos musculares, o peso e aposição dos membros). Atletas, dançarinos, malabaristas e mímicos têm essa inteligência desenvolvida.

Para Smole (1999)

> *o fundamental consiste em perceber que o caráter múltiplo da inteligência e a possibilidade de vermos suas manifestações como uma teia de relações tecidas entre todas as dimensões possíveis, e não mais sob a perspectiva de algo que possa ser medido ou como um conjunto de habilidades isoladas.* (Smole 1999, p. 15)

É de grande relevância as escolas trabalharem com o conceito de inteligências múltiplas para desenvolverem melhor as habilidades e os conhecimentos de seus alunos, fazendo assim, uma interação cada vez maior entre as inteligências, desenvolvendo cada vez mais a coletividade do conhecimento, lembrando que somos seres ímpares e aprendemos um conteúdo por um, ou diversos modos.

O diagrama abaixo ilustra como poderia ser vista essa interação:

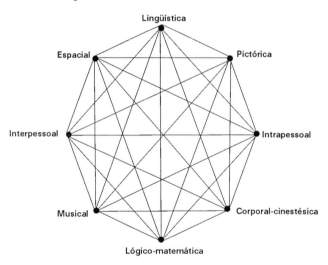

Figura 15: Múltiplas inteligências.
Fonte: (SMOLE 1999, p. 15)

Segundo Delors (2001), as múltiplas inteligências levam em conta as diversidades dos talentos individuais. Um bom exemplo é o caso do aluno Alexandre Lemos[13]; talvez ele possa até ter suas limitações, o que não o impediram de escrever o texto com o nome Ilusões do Amanhã.

---

[13] Este poema foi escrito por um aluno da APAE, chamado, pela sociedade, de excepcional. Excepcional é a sua sensibilidade! Ele tem 28 anos, com idade mental de 15. Talvez essa pessoa tenha algumas limitações, mas para os ditos pessoas normais, quantos conseguem escrever algo dessa natureza? Maiores informações sobre o texto de Alexandre Lemos, vide o anexo II.

Referências Bibliográficas

ANDRADA, Bonifácio de. **Ciência Política e seus Aspectos Atuais:** Engenharia Política e Politicometria. Brasília, Câmara dos Deputados 2000, pp. 72 a 87.

_____. **Ciência Política e Ciência do Poder.** São Paulo, LTR 1998.

ANDRADE, S. M. V. **Comentário do Sofista de Platão.** Belo Horizonte: UFMG, 1988.

ANGELONI, M.T. (org.). **Organizações do Conhecimento**: infra-estrutura, pessoas e tecnologias. São Paulo: Saraiva, 2002. 215 p.

ARANHA, Maria Lúcia de Arruda. **Filosofia da Educação.** 2ª ed. São Paulo: Moderna, 1996.

_____. **História da Educação.** 2ª ed. São Paulo: Moderna, 2000, pp. 194-233.

BORNHEIM, G. **Dialética.** São Paulo: USP, 1977.

CAPRA, F. **O Ponto de Mutação,** Cultrix, São Paulo, 1986.

CASTELLS, Manuel. Introdução: Nosso Mundo, Nossa Vida. In: **O Poder da Identidade.** Tradução: Klauss Brandini Gerhardt; 3ª ed., São Paulo, Paz e Terra, 1999.

CHAUI, Marilena. **Convite a Filosofia.** São Paulo: Ática, 2000.

CORNFORD, F. M. **Plato's theory of knowledge.** NYC: Bobs Merril, 1957.

COSTA, Cristina. **Sociologia:** Introdução à ciência da sociedade. São Paulo: Moderna, 1997.

CRAWFORD, Richard. **Na era do capital humano:** o talento, a inteligência e o conhecimento como forças econômicas, seu impacto nas empresas e nas decisões de investimento. São Paulo: Atlas, 1994.

CRIVELLARI, Helena Maria Tarchi. **Gestão, Trabalho e Cidadania** – Gestão do Conhecimento: Novas Ferramentas para Velhas Concepções. Belo Horizonte: CEPED-Autôntica, 2001.

DAVENPORT, T. H.; PRUSAK, L. **Conhecimento Empresarial**: como as organizações gerenciam o seu capital intelectual. Rio de Janeiro: Campus, 1998. 237 p.

DELORS, Jacques. **Educação:** Um Tesouro a Descobrir. 6ª ed. São Paulo: Cortez; Brasília, DF: MEC: UNESCO, 2001, "Relatório para UNESCO da Comissão Internacional Sobre Educação para o Século XXI", pp. 1 a 117.

DEMO, Pedro. **Saber Pensar.** São Paulo: Cortez: Instituto Paulo Freire, 2000 – (Guia da Escola Cidadã; v. 6).

DESCARTES, R. **Discurso de Método:** Coleção Universidade, Ediouro, 1986.

FLEURY, M. T. L & OLIVEIRA JR., M. M (org.). **Gestão Estratégica do Conhecimento**: integrando aprendizagem, conhecimento e competências. São Paulo: Atlas, 2001.

FOUCAULT, Michel. **Microfísica do Poder.** Tradução de Roberto Machado. Rio de Janeiro: Edições Graal, 1979.

FREIRE, Paulo. **Educação como Prática da Liberdade.** 27ª ed. Rio de Janeiro: Paz e Terra, 2003.

_____. **Educação e Mudança.** Rio de Janeiro: Paz e Terra, 1979.

_____. **Pedagogia da Autonomia:** Saberes Necessários à Prática Educativa. São Paulo: Paz e Terra, 1996.

GADOTTI, Moacir. **História das Idéias Pedagógicas.** 8ª ed. São Paulo: Atica; 2004.

GALLO, Silvio (Coord.), et al. **Ética e Cidadania:** caminhos da filosofia – *Elementos para o Ensino da Filosofia.* Campinas: Papirus, 1997, pp. 14-18.

GARVIN, D. Construção da Organização que aprende. In: **Gestão do Conhecimento** – Harvard Business Review – Rio de Janeiro: Campus, 2000, pp. 50-81.

HADJI, Charles. **Pensar e Agir a Educação:** da Inteligência do Desenvolvimento ao Desenvolvimento da Inteligência. Trad. Vanise Dresh, Porto Alegre: Artmed, 2001.

HALL, Stuart, **A Identidade Cultural na Pós-Modernidade**, Tradução Tomaz Tadeu da Silva, Guaracira Lopes Louro – 9ª ed. , Rio de Janeiro, DP&A, 2004.

HOEBEL, E. Adamson & FROST, Everett L. **Antropologia Cultural e Social**. Tradução de Euclides Carneiro da Silva. Cultrix, São Paulo. 5ª ed. 2001, pp. 1-56.

IMBERNÓN, F.. **A Educação no Século XXI.**. Trad. Ernani Rosa, Porto Alegre: Artmed, 2000, pp. 21-35.

KANT, Immanuel. **Coleção – Os Pensadores** – Crítica da Razão Pura. Nova Cultural, São Paulo, 1999.

LEONARK-BARTON, D. **Nascentes do saber**: criando e sustentando as fontes de inovação. Rio de Janeiro: Getúlio Vargas, 1998. 367 p.

LIBÂNEO, José Carlos. **Didática.** São Paulo: Cortez, 1994.

LUCKESI, Cipriano Carlos. **Filosofia da Educação.** São Paulo: Cortez, 1994.

MAÑAS, Antonio, **Administração da Informática**, São Paulo: Érica, 1994.

MASI, Domenico de. **A Sociedade Pós-Industrial**. São Paulo: SENAC São Paulo, 1999.

NOGUEIRA, J. C. **Ética e Responsabilidade Pessoal**. *In* MORAIS, R. de. Filosofia, Educação e Sociedade (Ensaios Filosóficos). Campinas, SP, Papirus, 1989.

OLIVEIRA NETO, Alvim Antônio de. **Metodologia da Pesquisa Científica:** Guia prático para apresentação de trabalhos acadêmicos. Florianópolis: VisualBooks, 2005.

ORTIZ, Renato. **Mundialização e Cultura**. São Paulo: Brasiliense, 2003.

PILETTI, Nelson. **Psicologia Educacional.** 17ª ed., São Paulo: Ática, 2003.

REALE, G. & ANTISERI, D. **História da Filosofia**, Volume II, Ed. Paulis, São Paulo, 1990.

REALE, Miguel. **Introdução à Filosofia**, 3ª ed., São Paulo. Saraiva, 1994.

RODRIGUES, Carla: **Ética e Cidadania.** São Paulo, Moderna, 1994 (Herbert de Souza).

ROMANELLI, Otaíza de Oliveira. **História da Educação.** 28ª ed., Petrópolis: Vozes, 2003.

SANTOS, Boaventura de Souza. **Um Discurso Sobre as Ciências**, 13ª ed., Porto. Edições Afrontamento, 2002.

SENGE, P. M. **A Quinta Disciplina**: arte, teoria e prática da organização de aprendizagem. São Paulo: Nova Cultura Ltda., 1990, 352 p.

SILVA, Maria Abádia. **A Cidadania no Contexto de Restrições dos Direitos Sociais.** 2001.

SMOLE, Kátia Cristina Stocco. **Múltiplas Inteligências na Prática Escolar.** Brasília: Ministério da Educação, Secretaria de Educação a Distância, 1999.

STEWART, Thomas. **A Riqueza do Conhecimento**: O Capital Intelectual e a Organização do Século XXI. Trad. Afonso Celso da Cunha Serra. Rio de Janeiro: Campus, 2002, pp. 250-270.

TOMAZI, Nelson Dacio. **Sociologia da Educação.** São Paulo: Atual, 1997.

VÁZQUEZ, Adolfo Sánchez. **Ética**, 22ª ed. Rio de Janeiro: Civilização Brasileira, 2002.

WICK, Calhoun W. & LEÓN, Lu Stanton. **O Desafio do Aprendizado**: como fazer sua empresa estar sempre à frente do mercado. São Paulo: Nobel, 1997.

Anexos

Anexo I – As Bem-aventuranças do Educador
José Ivan Pimenta Teófilo

Felizes os Educadores que tomam consciência do conflito social em que estão metidos e nele tomam partido pelo projeto social dos empobrecidos porque assim contribuirão para a transformação da sociedade.

Infelizes os Educadores que imaginam que a ação educativa é politicamente neutra porque acabam transformando a educação num instrumento de ocultação das contradições da realidade social e de reprodução da ideologia e das relações sociais vigentes.

Felizes os Educadores que sabem articular o saber chamado científico com o saber popular porque ajudarão as classes populares a afirmar sua identidade cultural.

Infelizes os Educadores que transmitem mecanicamente um saber elitista porque contribuem para reforçar a marginalização e a dominação cultural do povo.

Felizes os Educadores que aprendem a dialogar com os educandos porque resgatam a comunicação pedagógica criadora no processo educativo.

Infelizes os Educadores que impedem os educandos de dizerem sua palavra, porque estão reproduzindo a educação do colonizador.

Felizes os Educadores que se tornam competentes em suas "disciplinas" ensinando a "desopacizar" ideologicamente seus conteúdos porque ajudarão os educandos a se apropriarem do saber como ferramenta de luta na defesa e afirmação de sua dignidade.

Infelizes os Educadores que não se esforçam para ser criticamente competentes porque enfraquecerão mais ainda o poder cultural das classes oprimidas reforçando o autoritarismo cultural das classes dominantes.

Felizes os Educadores que procuram se organizar para conquistar melhores salários e melhores condições de ensino porque estão ajudando a conquistar a educação a que o povo tem direito.

Infelizes os Educadores que atuam isoladamente, buscando apenas seus próprios interesses porque deixarão de contribuir para a conquista de uma escola digna.

Felizes os Educadores que iluminam sua prática com o sonho de um futuro novo em que as pessoas aprendam, através de novas relações sociais, as lições da justiça e da solidariedade.

Infelizes os Educadores que não sonham porque não terão a coragem de se comprometer na luta criadora de uma nova sociedade a partir de sua prática educativa.

Felizes os Educadores que aprendem a fazer da ação de cada dia a semente da nova sociedade.

Infelizes os Educadores que pensam que as coisas novas só aparecerão no futuro porque não perceberão, nem farão perceber que o "novo" já está no meio de nós, brotando de nossas práticas transformadoras, solidárias com as lutas dos espoliados da terra.

Anexo II – Ilusões do Amanhã

Alexandre Lemos

Por que eu vivo procurando
Um motivo de viver,
Se a vida às vezes parece de mim esquecer?
Procuro em todas, mas todas não são você
Eu quero apenas viver
Se não for para mim que seja pra você.
Mas às vezes você parece me ignorar
Sem nem ao menos me olhar
Me machucando pra valer.
Atrás dos meus sonhos eu vou correr
Eu vou me achar, pra mais tarde em você me perder.
Se a vida dá presente pra cada um
O meu, cadê?
Será que esse mundo tem jeito?
Esse mundo cheio de preconceito.
Quando estou só, preso na minha solidão
Juntando pedaços de mim que caíam ao chão
Juro que às vezes nem ao menos sei, quem sou.
Talvez eu seja um tolo,
Que acredita num sonho
Na procura de te esquecer
Eu fiz brotar a flor
Para carregar junto ao peito
E crer que esse mundo ainda tem jeito
E como príncipe sonhador
Sou um tolo que acredita ainda no amor.

Consultar via internet, www.portal.mec.gov.br,
no link Legislação Educacional, a
Lei de Diretrizes e Bases da Educação Nacional
(versão em pdf).

IMPRESSO NA

sumago gráfica editorial ltda
rua itauna, 789   vila maria
02111-031   são paulo   sp
telefax 11 **6955 5636**
sumago@terra.com.br